AF341737

Les

Femmes Entretenues

Dévoilées

Dans leurs Fourberies galantes,

Par une de leurs Victimes.

Orné de jolies Figures.

TOME SECOND.

Paris,

Chez les Libraires du Palais-Royal.

1821.

LES

FEMMES ENTRETENUES

DÉVOILÉES

DANS LEURS FOURBERIES GALANTES.

II.

DE L'IMPRIMERIE DE CORDIER.

T.II. Page 64.

Madame, la boule de neige! la boule de neige! cachez tout!...

LES
FEMMES ENTRETENUES
DÉVOILÉES

DANS LEURS FOURBERIES GALANTES,

OU

LE FLÉAU DES FAMILLES

ET DES FORTUNES.

PAR UNE DE LEURS VICTIMES.

ORNÉ DE FIGURES.

Permets, mon cher lecteur, que d'une main propice
Je t'indique, en riant, tous les écueils du vice ;
Et te peignant ici nos Laïs, traits pour traits,
Je préserve tes sens de leurs galans forfaits.

TOME DEUXIÈME.

PARIS,

CHEZ LES LIBRAIRES DU PALAIS-ROYAL.

1821.

LES
FEMMES ENTRÈTENUES
DÉVOILÉES.

LE BOUDOIR MAGIQUE

DE MADAME

DE SAINTE-ALBERTINE,

DITE

ROSALIE-PSYCHÉ.

Beauté. Ignorance crasse. Fortune rapide. L'OPULENCE.... la boue... puis l'hôpital.

ROSALIE Lucas, la belle Rosalie, ouvrira cette galerie galante; ses aventures, son élévation, sa chute plus rapide méritent bien les honneurs de la préséance.

Née dans un petit hameau près de Baïeux, et fille unique de pauvres paysans, elle parut sous le chaume, parée de sa seule beauté naturelle. Certes, ce n'était pas à l'élégance de ses habits qu'elle devait son éclat; sous un lin jaune et dur, sous une laine plus grossière, vraie perle enchâssée dans du plomb, la pauvre petite manquant souvent du nécessaire, n'en croissait pas moins en grâces et en beauté. En effet, le lait de sa chèvre n'était pas plus blanc que sa peau, le jonc n'était pas plus flexible que sa taille, et la régularité de ses traits égalait la pureté du profil d'une colombe. Tel qu'un beau lis s'élève majestueusement sur un trône de verdure, et efface par son éclat toutes les fleurs qui l'environnent, de même Rosalie, à quinze ans, remportait le prix de la beauté sur les femmes les plus célèbres de la province, et jusqu'alors on n'avait jamais rien vu de plus parfait dans la Normandie. C'était une dignité dans ses manières, une finesse dans ses mouvemens, dont une duchesse vieillie dans l'étiquette de cour, eût été jalouse. On sait que quand la nature se mêle de donner des leçons de grâce, de tenue et de maintien, elle s'en acquitte tout aussi bien qu'un maître de danse. Tous ses cosmétiques, rouge, céruse, mouches, lait virginal, essence athénienne, extrait de rose, huile de Macassar, elle les prenait le dimanche à la fontaine du hameau; elle s'y lavait la visage, et fraîche comme une rose encore humide des perles de la rosée du matin, elle offrait aux yeux éblouis un visage éclatant de santé et de jeunesse. Déjà les parfums

de la nubilité avaient teint ce bouton virginal ; Rosalie était femme dans toute
l'étendue du terme, c'est-à-dire fine,
rusée, coquette et un peu libertine au
fond de l'âme. Ayant souvent consulté
le cristal des eaux qui lui servait de
glace, ou le vernis de l'équipage de la
vieille comtesse du château, madame
de Fièremorgue, Rosalie s'était dit
dans son accent normand : « *Toutes
les belles dames de la cour qui viennent ici se promener dans les allées,
dans le parc, malgré leurs biaux
ajustemens et leurs brinborions, ne
valent pas cett' figure que je vois
dans c' vernis.* »

Déjà Lafrance, le valet-de-chambre du jeune comte, faisait l'aimable
auprès de notre héroïne : ce petit séducteur féodal parlait même de lui
faire du bien, et quand elle osait résister à cette livrée, toujours singe des

maîtres, il la menaçait de *son rang*. Rosalie se moquait de sa colère, et bravait ses lettres de cachet. Elle en eût agi de même envers un personnage puissant attendu que nous vivons sous un Roi éclairé, et dans un siècle où l'on ne craint plus les abus monstrueux du quatorzième siècle et les droits révoltans de *jambage* et de *cuissage*.

Déjà un songe tel que celui du petit Chaperon, lui avait prophétiquement annoncé qu'elle deviendrait un jour une grande dame ; elle s'était réveillée un matin, se croyant, comme la femme du savetier dans l'opéra du *Diable à quatre*, couchée dans un lit magnifique en tombeau ; plusieurs rangs de diamans serpentaient sur son sein ; cent bougies parfumées mêlaient encore leurs vives lumières aux premiers feux de l'aurore, et son rêve avait été porté au dernier degré d'illusion. Rosalie se serait donc bien gardée de renverser ce bel avenir idéal par des liaisons clandestines, ou même une alliance légitime avec un valet; si elle avait refusé les propositions galantes du maire du village, les présens d'un autre Lovelace, l'adjoint de l'endroit, ce n'était pas pour sacrifier ses attraits à un obscur Frontin; d'autres projets de fortune occupaient bien autrement sa pensée ambitieuse, tant il est vrai que nous éprouvons souvent un pressentiment révélateur de nos bonnes ou mauvaises destinées. En destinées d'amour surtout, les jolies femmes ne voient-elles pas dans leur miroir les événemens les plus délicieux? il suffit d'une belle main pour en tirer l'horoscope le plus fécond en galanteries. Rosalie, surveillée par sa mère, vieille bonne-femme infirme, était bien tout-à-fait, sous ce rapport, dans la situation de la *fille mal gardée*. Toutefois les beaux esprits du village ne cessaient de l'assaillir de déclarations d'amour en beau style, auxquelles le secrétaire de l'adjoint, homme du plus grand mérite, donnait le dernier coup de poli épistolaire ; mais si la coquetterie naturelle au beau sexe le plus ignorant avait toujours permis à Rosalie de lire sur la figure de ses admirateurs toute l'impression qu'elle avait faite, Rosalie, il faut l'avouer, ne savait pas lire leurs lettres ; et honteuse en les recevant, elle les décachetait, les tournait et les retournait encore, sans pouvoir rien déchiffrer dans ce grimoire amoureux. Il n'y avait pas alors d'enseignement mutuel, et Rosalie était entièrement plongée dans la crasse de l'ignorance du bon vieux temps.

Les choses en étaient à ce point, quand M. le comte de Brillancourt, fils unique de notre vieille comtesse, jeune premier charmant, vrai marquis de comédie, et en tout fait, par son immoralité de bon ton et *le décousu* de ses principes, pour jouer à merveille l'homme à bonnes fortunes, revint de la capitale, où il avait été éparpiller quelques milliers de louis avec les danseuses de l'Opéra. Plusieurs voyages en Italie, en Angleterre, en Espagne, l'ayant éloigné quelque temps de sa terre, il n'avait fait aucune attention à une petite villageoise qui, confondue parmi une foule d'autres paysannes, dansant, le dimanche, sur la pelouse du château, était peu faite alors pour fixer ses regards. Mais quand un matin allant à la chasse avec ses piqueurs, il aperçut la belle Rosalie faisant paître sous des saules quelques moutons, sa seule fortune, Brillancourt, frappé de tant d'attraits, ne put résister au plaisir de lui présenter son hommage, et lui ôta son chapeau, comme par un mouvement irrésistible de l'admiration soudaine que commande l'aspect d'une grande beauté. Rosalie rougit, répondit gauchement au salut, baissa les yeux, et le marquis était près d'elle, qu'elle ne savait encore quelle réponse de politesse lui balbutier.—Est-il possible, lui dit le marquis, que je me sois éloigné si long-temps de tant de charmes, et que mon bon génie ne m'ait pas dit tout bas qu'un trésor embellissait mes propriétés?—Vous êtes trop honnête, répondit notre héroïne confuse, et peut-être voulez-vous vous *gausser* de nous; quand on a, comme vous, de belles dames à sa disposition, quel cas peut-on faire d'une pauvre paysanne comme moi? — Comme vous, Rosalie! ah! sachez qu'au château, à la cour, à la ville, rien n'égale vos appas, et que je donnerais toute ma fortune pour les posséder.

Ici Rosalie se rappelant ce songe enchanteur dans lequel elle s'était vue grande dame, croyant entrevoir dans le marquis un génie bienfaisant qui pouvait réaliser ses brillantes chimères; loin d'opposer une vertu farouche, fit paraître dans ses beaux yeux un rayon de la plus prompte espérance pour les secrets desseins du marquis... —Oui, reprit ce dernier, il ne faut pas perdre le temps en discours inutiles, en galanteries fades qui nuiraient à votre réputation, et retarderaient mon bonheur; ma fortune est immense, je puis vous faire à Paris le sort le plus brillant : laquais, table somptueuse, parures élégantes, pierreries magnifiques, équipage, théâtres, plaisirs enchanteurs, tout sera mis aux pieds de la belle Rosalie, trop heureux si je puis toucher son cœur par ces faibles marques de mon amour...—Comment ! s'écria Rosalie en laissant tomber sa houlette, j'aurais une voiture *varnissée* comme celle de madame la comtesse?...

—Vos appartemens ne seraient que glaces, répondit vivement Brillancourt, et vos antichambres surpasseraient en luxe les plus beaux salons du château. Vingt Frontins seraient à vos ordres, et la soie ainsi que la plus fine batiste couvriraient en les embellissant ces attraits adorables...»

Rosalie séduite, ravie, s'écria : Ah, monsieur le marquis ! je crois que je rêve encore, car, il y a peu de jours, j'ai vu tout cela dans un songe : dites-moi donc, je vous prie, si je suis bien éveillée, et si la tête ne me tourne pas ? — Moi seul, repartit Brillancourt, ai perdu l'esprit, le repos,

depuis l'instant où je vous ai aper-
çue, charmante nymphe. Non, ce
n'est pas une illusion; mes richesses
me mettent en état de vous faire jouir
de tout l'éclat dont vous êtes digne,
et je sais encore que je ne pourrai jamais acheter trop cher le prix de votre
conquête. — Il faut m'accorder quelques jours de réflexion, monsieur le
marquis, et si je puis compter sur votre parole d'honneur... » — Ici Brillancourt se précipitant à ses genoux,
lui jura une fidélité inviolable dont il
ne pensait pas un mot lui-même, lui
baisa tendrement la main, et la laissa,
afin de ne pas éveiller des soupçons
dans l'esprit de ceux qui auraient pu
l'apercevoir dans cet entretien mystérieux.

Seule, pensive, laissée à elle-même,
Rosalie abandonnant le soin de ses
moutons qui s'étaient singulièrement

éloignés d'elle dans la prairie, à demi-
séduite par la magie de l'avenir dont
le marquis avait frappé ses esprits inex-
périmentés, la jeune fille sentait son
cœur battre avec une violence extrême;
le talisman de l'ambition dont nous
avons déjà dit qu'elle avait des germes
secrets, opérait dans son âme, et la
vertu expirait sous les coups de la baguette de cette fée séduisante. Elle avait
beau se rappeler tous les *biaux* discours de monsieur le curé, qui dans sa
chaire avait maintes fois prêché que
la sagesse est un trésor qui vaut mieux
que les plus grandes fortunes; que le
faste, que la parure, et le train des
grands, ne sont que des *poisons dorés;*
ces doctrines lui paraissaient alors presque bizarres, et chaque fois qu'elle voyait
rouler un bel équipage, ses faibles
principes s'évanouissaient comme des
nuages légers que dissipent les rayons du

soleil. Bref, il était écrit dans le livre
du fatalisme que Rosalie devait être
femme galante, et deviendrait un jour
un des plus beaux coryphées du vice.
Nous abrégerons donc le cours de galanterie pastorale que cette bergère
mondaine fit faire à son séducteur, les
entrevues champêtres qui précédèrent
le rapt galant du marquis de Brillancourt ; et transportant de suite la
scène à Paris, rue de Provence, chaussée d'Antin, dans un superbe hôtel
dont Rosalie avait été mise en possession, nous lui ferons faire, de sa ca-
bane de chaume, dans un boudoir
somptueux, le saut le plus périlleux
que jamais madame Saqui ait peut-être
osé entreprendre. La pauvre bonne
femme Lucas, sa mère, avait donc été
inhumainement délaissée, dit le lecteur ? Il n'y a pas de doute ; une vierge
sans pudeur est immanquablement une

fille sans piété filiale; une bourse de vingt-cinq louis laissée, avec une lettre anonyme, sur la table de la chambre de Rosalie, lui apprenait que sa fille ne tarderait pas à revenir; qu'un *grand monsieur* très-riche ferait son bonheur et celui de la vieille Lucas. Riche seulement de soixante ans de vertus, mais déshonorée dans son opinion, cette bonne femme ne faisait que verser des larmes, en tournant son rouet; et ne voulant pas souiller ses mains d'un or flétrissant, elle le remit au curé, pour en faire l'usage que sa conscience lui indiquerait. L'infortunée privée de son unique enfant, ne tarda pas à descendre au tombeau, et le premier fruit du vice fut de flétrir de chagrin et d'opprobre les cheveux blancs d'une mère et de causer son trépas.

Rosalie, lancée dans tous les prestiges de sa nouvelle situation, ne fit aucune attention à la mort de sa mère, que son cousin Nicolas Bequet, garçon charpentier de son hameau, lui apprit dans une lettre fermée d'un cachet noir. Quoiqu'elle ne sût pas lire, elle se douta bien du fait, et pour ne pas rougir aux yeux d'un étranger de la bassesse de son extraction, elle cacha soigneusement la missive qui blessait son naissant orgueil. Quant à Brillancourt, toujours galant, toujours empressé de lui plaire, c'était par des prodigalités excessives qu'il s'appliquait à lui prouver son amour; glorieux de posséder une telle beauté, il la promenait en triomphe de théâtre en théâtre, de cercle en cercle, et rendait une foule de nobles et de banquiers jaloux de son bonheur. Rosalie, d'ailleurs, entourée secrètement de vingt maîtres d'agrémens, façonnait ses manières, éclairait son esprit, dépouillait l'ignorance crasse du village, et peu-à-peu devenait une des *bégueules* les plus dédaigneuses du beau quartier qu'elle habitait. Ce n'est donc plus une petite villageoise, seulement parée d'une beauté *brute, inculte,* si je puis m'exprimer ainsi; c'est une femme du bon ton qui sait dire : *mes gens, mon médecin, ma loge,* qui sait présider avec distinction à un repas, se faire servir *par des coups-d'œil;* enfin, elle lit, elle sait écrire, sans orthographe à la vérité, mais c'est par ton, par distinction, et l'on n'ignore pas que chez les nobles c'est un vernis de plus. D'ailleurs, elle sait quelques harpéges sur la harpe, effleure gracieusement les touches d'un piano, pince voluptueusement d'une lyre d'Apollon à cinq cordes, et, pour comble de talent, débrouille, à la première vue, tous les *casse-tête chinois* les

plus difficiles; elle tranche même sur
une pièce nouvelle, fait des réputations
d'auteur, protége les artistes, et conseille les ministres qui viennent auprès
d'elle se délasser du fardeau des affaires
publiques, en augmentant le nombre
de ses courtisans et de ses adorateurs.

Ainsi Rosalie, profondément immo-
rale, mais avec un certain esprit d'élévation, a désormais tout ce qu'il faut
pour faire un chemin rapide dans la
carrière des femmes entretenues. Esprit de gaspillage au plus haut degré,
haine prononcée pour payer les dettes
les plus sacrées, caprices ruineux, cœur
de bronze avec les manières les plus
délicates; des minauderies, de l'impudence, de la gourmandise, de la paresse, tenant comptoir de plaisirs sans
véritable volupté, telle était Rosalie-
Lucas, à qui le marquis de Brillancourt
avait enlevé son peu de qualités natu-

relles, en la revêtant de l'écorce brillante de tous les vices. Le sot fut sa
première victime; car aussitôt qu'elle
s'aperçut que l'or s'épuisait, qu'une
foule de créanciers avides, armés de
prises-de-corps, soutenus d'huissiers,
assiégeaient chaque matin son antichambre, elle prit *la généreuse* résolution de sauver quelques débris du
naufrage, en faisant, comme on dit,
ses reprises. Ainsi donc emportant
toutes ses pierreries, avec la valeur des-
quelles elle aurait pu obtenir quelque
composition en faveur de son amant,
qui fut mis le jour même en prison,
elle décampa prudemment, sans dai-
gner faire la moindre apologie de sa
conduite. Rosalie se serait bien gardée
en cette occasion de porter la moindre
atteinte à *ses principes*. D'un autre
côté, il y avait long-temps que sir Milfred, un des plus riches banquiers de

Londres, alors à Paris, lui faisait une cour assidue, à l'insçu du marquis; il avait fait reluire à ses yeux les guinées de la Tamise, et avait achevé de la séduire par le tableau d'un BOUDOIR MAGIQUE qui, disait-il, était tout ce que les beaux-arts avaient produit de plus délicieux. Les palais de l'enchanteresse Armide étaient d'une imagination froide, en comparaison de ce séjour charmant. Rosalie s'était donc décidée pour ce dernier marché, au dépit de vingt autres riches capitalistes, qui avaient mis la folle enchère sur ses attraits déjà parvenus au plus haut degré de célébrité; car on sait que c'est le point principal dans une femme entretenue; c'est peu que sa beauté, si elle ne fait du bruit, si elle ne *fait fureur,* si elle ne cause une sorte de bourdonnement, de scandale flatteur pour celui qui la possède. Mais une fois qu'elle a atteint ce point de renommée qui, dans un théâtre, lorsqu'elle entre dans sa loge, fixe toute l'attention du parterre, et la couvre d'un double murmure de mépris et d'admiration, oh! c'est alors que les opulens du jour veulent, par ton, s'inscrire sur la liste ruineuse de ses tributaires; c'est une *bague au doigt* qu'il faut se donner; et tel qu'un prince possède dans ses écuries un superbe arabe de race, du prix quelquefois de vingt-cinq mille francs, mais que son altesse ne montera pas une fois dans l'année, de même un millionnaire prend une scandaleuse maîtresse simplement *pour la montre,* et fait consister son bonheur de vanité dans le nombre des envieux ridicules dont il s'entoure.

Sir Milfred ne se donna peut-être Rosalie que par des motifs aussi puérils. On sait que les actrices se donnent

entr'elles des sobriquets flatteurs ou
satiriques ; les filles et les femmes entretenues les imitent. Ainsi la taille,
les formes sveltes, élégantes de notre
héroïne, l'avaient fait surnommer *à
la Bourse* des Amours, LA PSYCHÉ
MODERNE. Psyché et Vénus sont syno-
nymes ; on sait leurs démêlés mythologiques. Milfred était donc ravi de posséder une Vénus, et il aurait sacrifié
vingt vaisseaux qu'il avait à la compa-
gnie des Indes pour cette belle acquisition. De son côté, Psyché (car nous
ne lui donnerons plus que ce nom),
curieuse....comme une femme, brûlait d'impatience de connaître ce BOU-
DOIR MAGIQUE dont lui avait parlé son
riche insulaire d'Albion, et qui était
peut-être ce qui l'avait le plus séduite.
L'hôtel qu'ils occupaient rue de Richelieu, avait bien toute l'élégance
imaginable, mais c'était du luxe sans

magie, et on sait jusqu'à quel point les femmes sont passionnées pour la féerie et les choses à prestiges. C'est dans ces régions imaginaires que leur esprit subtil et facile à s'exalter, rêve délicieusement l'impossible et l'extraordinaire, et se complaît à se balancer idéalement dans des nuages aériens. L'amour aime également le merveilleux, et beaucoup d'amans ont desiré posséder la baguette de Circé, pour étonner leurs maîtresses par mille enchantemens prodigieux. Rosalie desirait donc ardemment connaître ce réduit mystérieux, et redoublait d'impostures et de cajoleries auprès de son *trésorier*, afin de jouir de la connaissance du fameux boudoir. Enfin, après quelques évanouissemens de contrariété, trois attaques de nerfs et quelques syncopes jouées de main de maître, par Rosalie, Milfred ne pouvant

résister à une passion si vive, se rend,
et ordonne les chevaux pour Rosain-
ville, où se trouvait située, au milieu
d'un jardin anglais, sa maison de plaisance, qu'il nommait allégoriquement
sa voluptueuse Gomorre.

On arrive dans les cours ; on voit
partout un luxe royal régner dans les
serres, dans les jardins, dont de nombreuses statues décorent le beau désordre. Des eaux jaillissant de plusieurs bassins, des grottes artificielles,
cellules attrayantes de l'amour, des
bains d'Apollon comme à Versailles ;
dans le château, toutes les commodi-
tés les plus agréables de la vie, des
baignoires en marbre noir, une barce-
lonnette suspendue par de grosses guirlandes de roses, un appartement tout
en glaces, des escaliers dérobés, des
surprises délicieuses, des *mosque-*

tero (*) pailletés, des trépieds pour la combustion des parfums; rien enfin n'avait été oublié par l'opulence, afin de faire de cette habitation un séjour enchanteur. Psyché, ravie à la vue de tant de merveilles, embrassa plusieurs fois de suite *son bon* dans ses transports de joie. « Que tout cela est charmant! s'écriait-elle tout haut: pourquoi Milfred ne meurt-il pas subitement? disait-elle tout bas; tout cela serait à moi. Ah! que je serais heureuse! j'aurais un petit *mignon* de mon goût; nous ferions bien nos petites *farces* ensemble; ah! que ce serait joli!.... Mais avec ce *pointu*, toute cette brillante magie perd ses prestiges. Voyez la belle chute! un lit charmant, et pour qui? Pour un suranné podagre!...

(*) Filets de soie garnis de perles, dont les grands en Espagne enveloppent leurs lits pendant leur sieste, afin de se garantir des mouches.

Car voilà à-peu-près comme pensent toutes les femmes entretenues.

En effet, Milfred n'était plus jeune; ancien armateur, il avait couru les mers de toutes les nations pour amasser cette fortune immense; son teint était hâlé par le soleil brûlant de la zone torride, sous laquelle il avait passé plusieurs fois; tous ses cheveux étaient tombés, et cette tête chauve sur un oreiller garni de dentelles et de nœuds de rubans, faisait, il faut l'avouer, un plaisant contraste avec la belle tête de Psyché; et, malgré, comme a dit Boileau, que

L'or même à la laideur donne un air de beauté....

Rosalie ne pouvait se faire à cette caricature qu'elle appelait trivialement *sa tête de veau au naturel*. Cependant Milfred, toujours empressé de lui plaire, faisait venir de la ville tout

ce que le Palais-Royal offre de comestibles des plus rares ; une société choisie des maisons de campa-
gnes voisines, des danseurs de l'Opéra,
quelquefois même *Brunet* et *Potier*
venaient donner à la souveraine du lieu
des scènes de paravent, des extraits de
leurs rôles, où ils déployaient tout leur
talent. Mais ce n'étaient pas là les vrais
plaisirs des sens pour Rosalie ; et si
l'orgueil régnait en maître dans tous
ces passe-temps coûteux, l'Amour, toujours *veuf*, passait des nuits blanches
dont la *gourmandise* connue du beau-
sexe s'accommode fort peu.

Le jour, ou plutôt la nuit fixée pour
l'ouverture du boudoir magique étant
arrivée, notre riche insulaire prenant
par la main sa maîtresse, la conduisit
par maints escaliers en spirale, qu'il
fallut monter et descendre à l'aile
droite du bâtiment du château. Enfin

après avoir marché sur un parquet flexible, qui semblait frémir sous le pied, après s'être vue assaillie d'un essaim de papillons artificiels et brillant des plus riches couleurs, la Folie personnifiée, guidée par Zéphyre et l'Amour, vinrent au-devant de notre héroïne et lui tracèrent le chemin du plaisir. Psyché avance, enchantée de tant de prodiges, cherche dans son esprit charmé à se rendre compte de quelle manière est disposé le jeu des lumières qui partout répandent des teintes roses délicieuses : mais, vains efforts ! l'art a dérobé ses secrets, et il faut là se borner à jouir des effets sans approfondir les causes. Les trois huissiers mythologiques qui l'avaient introduite dans le boudoir, étaient disparu comme par les ressorts cachés d'une mécanique ; Milfred même s'était dérobé aux yeux de sa belle maîtresse, et telle que dans *Zémire* et *Azor*, Psyché seule sous un dôme de roses, de nuages, de petits Amours aériens, foulant aux pieds les plus beaux cachemires des Indes, respirant l'encens vaporeux qui s'exhalait de vingt cassolettes en or, elle ne sait si elle peut se placer avec confiance sur les carreaux de soie qui l'invitent au repos, à la douce langueur; ou bien si elle doit s'asseoir à une brillante collation servie en vermeil. D'abord étonnée, elle interroge les lieux, elle appelle Milfred, elle cherche une issue, mais aucune ne se présente; toutes les portes sont de glaces; impossible de reconnaître l'entrée du *boudoir magique*. Enfin, accablée de la douce lassitude des surprises, elle pose la main sur un fauteuil, et veut s'y asseoir; aussitôt le fauteuil se métamorphose en léger guéridon, sur lequel brille un riche collier en pierreries.... Rosalie s'en empare avec ravissement; mais par un jeu singulier, le dernier diamant du collier est fixé à un anneau d'or, qui, tiré par ce mouvement, fait entendre une musique qui l'enchante. Psyché court avec empressement du côté d'où part l'harmonie mystérieuse, mais son pied se trouve enlacé par des rubans; elle veut s'affranchir de ces liens de soie, elle fait quelques efforts;.... aussitôt un rideau de gaze bleue, lamé argent, qui se trouvait vis-à-vis d'elle, tombe, et offre Rosalie-Lucas elle-même, une houlette dans la main, et faisant paître quelques moutons sur une superbe pelouse émaillée de fleurs..... A cette image parfaitement exacte qui la représente dans son adolescence, Rosalie ne peut retenir ses larmes; quelques remords passagers lui disent que sa pauvre mère a été barbarement aban-

donnée par elle lors de sa fuite du hameau avec le chevalier de Brillancourt,
et cette nouvelle surprise n'est pas sans
amertume; mais le rideau se relève,
le prestige s'évanouit, et deux colom-
bes viennent voltiger sur la tête de
Psyché, tandis qu'une toilette magnifique, chargée de riches parures, sort
magiquement du parquet par une tra-
pe, et lui offre une tunique de mous-
seline pailletée, des cothurnes brodés
d'or et de diamans, et une corbeille
remplie de bijoux...... — « O Milfred, Milfred! ne put s'empêcher de
s'écrier Rosalie, vous êtes le plus aimable, le plus puissant de tous les
hommes, et dès ce moment vous pos-
sédez mon cœur sans partage. » Psyché
se revêt de la galante parure, et plus
belle que jamais sous ces habits écla-
tans de mille étincelles, elle se dirige
vers une glace roulante, dans le des-

sein de s'y contempler....... La glace
aussitôt s'enfonce dans le parquet , et
laisse voir à sa place un jeune homme
charmant qui l'enlace aussitôt de nœuds
de guirlandes , et tel que le tableau de
l'amour conjugal , guidé par un petit
Amour armé d'un flambeau, la conduit
à travers sa voluptueuse résistance dans
une alcove obscure , où , subjuguée par
ses sens , elle s'ensevelit plusieurs fois
dans une nuit de délices.... Ses extases
avaient été telles, qu'un profond sommeil avait succédé à l'enchantement,
mais à son réveil, étendant les bras, in-
terrogeant les lieux , elle est confondue
de se trouver dans son lit ordinaire,
dans sa chambre à coucher, et côte à
côte avec *sa tête de veau au naturel.*
« Est-ce possible, Milfred, s'écria-t-elle,
et seriez-vous un de ces sylphes si van-
tés dans votre humide climat?...» Milfred riait d'un gros rire de financier,

jouissait des illusions complètes qu'il avait produites, et, pour la première fois, parfaitement heureux dans les bras de son amie, puisqu'elle-même avait cru y serrer un charmant Adonis, il se serait bien gardé de lui expliquer aussitôt par quels effets de physique ce qu'elle avait vu et senti n'était qu'un prestige de l'art, un jeu de mécanique, d'automates et d'effets d'optique.

Rosalie se lève avec un peu d'humeur, et l'imagination remplie du charmant jeune homme qui avait dérobé *trois délires successifs* à ses sens trompés, elle alla aux *bains d'Apollon* au jardin, y rêver à des aventures si étranges : elle y était à peine depuis un quart-d'heure à contempler en silence les flots d'une eau argentine qui murmurait sur des cailloux dorés, quand Betty, sa femme-de-chambre, et la confidente *complai-sante* de tous ses secrets, vint lui re-mettre un message galant. C'était de la part d'un beau chef d'escadron de cavalerie légère en demi-solde dans le voisinage, et qui, mourant d'amour pour elle, la suppliait en vers char-mans d'avoir pitié de son langoureux martyre : l'auteur de ce billet signait Amédée *passe-dix*. Rosalie le con-naissait pour l'avoir remarqué dans les *soirées* que composait Milfred pour la distraire; son devoir lui aurait dit de rejeter le message hardi et le rendez-vous scandaleux, mais *la vertu* d'une femme entretenue n'en agit pas ainsi : son coiffeur même, s'il est joli homme, aura ses bonnes graces; à plus forte raison un petit Mars qui lui promet-tait de l'aimer en charmant tapageur. « Eh bien, Betty, répondit Psyché, tu sais la porte du parc? va, ma belle, ne

perds pas un instant; j'aime les mili-
taires à la fureur; apporte-nous secrètement du punch, du vin de champagne, des méringues, des pâtisseries,
des fruits; aussitôt nous nous enfer-
merons sous ces lambris amoureux ;
je veux savoir si Amédée *passe-dix*
justifiera sa réputation; pour toi, savant Mercure, tu amuseras milord; fais
au besoin sa partie *d'écarté*, tandis
que je ferai la mienne.... Fais venir
adroitement monsieur *Echec-et-mat*,
son fameux joueur d'échecs, et s'il
s'informe de moi, réponds que je re-
pose sur une chaise longue dans le pavillon du parc.

Tout ainsi disposé, Betty apporte
en effet secrètement les provisions du
galant duel. Amédée arrive, se glisse
à travers des charmilles, et le voilà
dans les bras de notre scandaleuse....
Nous tirerons un épais rideau sur le

défi, et sans approfondir si, comme ce fameux duc de Richelieu, Amédée se rendit digne de sa réputation de *passe-dix*, nous arriverons de suite au moment où Rosalie *ivre* de volupté et encore plus de punch, peut à peine se soutenir dans les bras de Betty, qui la conduisit à la nuit au château, où elle lui fit prendre aussitôt force thé.

Comment ivre !... s'écrie le lecteur ; Psyché prise de vin, roulant, se tenant à peine sur ses jambes chancelantes, voilà un auteur bien trivial avec ses contes !... Oui, lecteur, ivre, prise complètement de vin ; ce n'était même pas ce qu'on appelle vulgairement une aimable pointe de dessert ; Rosalie, par maints hoquets, n'annonçait que trop l'état indécent où elle s'était mise ; d'ailleurs ce n'était pas la première fois ; Milfred lui a apporté des bords de la Tamise cette jolie habitude, et il n'a pas oublié, à cet égard, de lui faire présent du FAMEUX FAUTEUIL DE BACCHUS (*). On en verra bien d'autres dans le cours de ces feuilles, pleines d'une verte franchise ; mais sachez donc, vous qui daignez me lire, qu'*une femme entretenue* qui ne jure pas, ne se grise pas, ne se fait pas tirer les cartes deux fois par jour par sa portière, n'est pas à la hauteur de son état. Il faut aussi qu'elle soit superstitieuse à l'excès, voleuse comme une pie, gourmande comme une mar-

------

(*) Ce fauteuil mécanique, inventé par les Anglais, offre la commodité de suivre tous les mouvemens de l'homme complètement ivre qui s'y place ; il se prête à toutes les secousses, et saisit docilement toutes les ondulations irrégulières de l'ivresse, ce qui porte mollement au sommeil, et délasse beaucoup le patient aviné. C'est une branche bien précieuse du perfectionnement des arts.

chande de modes, et paresseuse comme une chatte.

Milfred ne laissait pas d'altérer singulièrement sa bourse et sa santé par des excès de toute nature. D'une complexion apoplectique, offrant dans sa personne rebondie toute la tournure *d'un tonneau roulant*, le menton engoncé sur un triple rang de plis de graisse, le visage chargé de bourgeons, et régulièrement *plein* tous les soirs comme par abonnement, ses médecins l'avaient souvent menacé de la terrible prophétie que d'un jour à l'autre il pouvait passer au milieu d'une suffocation spontanée. Le voluptueux n'en tint pas compte, et ce qu'on lui avait prédit arriva un soir qu'il fut surpris d'attaques épileptiques dans les bras mêmes de Rosalie. Le plus cruel de l'événement pour notre nymphe vénale, c'est que Milfred mourut *ab*

(39)

intestat; des héritiers avides accoururent de Londres, et chassèrent insolemment la déhontée Laïs, qui eut à peine le temps d'escamoter tout l'or, les bijoux et vaisselle plate que Betty l'aida à emporter dans sa calèche de campagne.

De retour à Paris, notre intrigante sans pudeur ne songea plus, dans son *second veuvage,* qu'à se composer un nouveau théâtre, au moyen des débris de sa splendeur passée. Au total, il faut peu de choses pour former *le premier fonds de boutique* et la montre d'une femme galante. En peu de lignes on peut en faire l'inventaire; savoir :

1.º UN CANAPÉ, (c'est le *comptoir* de ses appas);

2.º UN PETIT TABOURET sous ses pieds, (pour montrer aussitôt qu'elle les a jolis et petits; tout cela tient singulièrement au commerce);

3º. **Doubles rideaux dans l'ap-partement**, afin d'obtenir à-propos des jours ainsi que des teintes volup-tueuses ;

4.º **Un lit en tombeau** pour les nombreux et bons vivans qui y pas-sent une joyeuse nuit ;

5.º **Un bidet** en fine porcelaine, des éponges, des seringues, des odeurs comme s'il en pleuvait, des cosméti-ques de toute nature, (vous sentez, lecteur, qu'il faut de fréquentes liba-tions sur un autel sans cesse arrosé du sang des victimes....) ;

6.º **Un riche peignoir** garni en dentelles, avec un pantalon de tricot de soie : (ce costume est pour les grands coups de séduction);

7º. Une demi-douzaine de cha-peaux de la rue Vivienne, un *Cache-mire* pour les scènes d'apparat, un *Terneaux* pour la bourgeoisie;

8.º Une baignoire, une commode, un secrétaire *harmonique*, beaucoup de mouchoirs de batiste *pour ceux qui couchent*; une vaste cuvette, et surtout un tire-bottes sous le lit; puis sur la cheminée deux chandeliers dorés; (*le dessous du chandelier est la caisse ordinaire de ces dames*);

9.º Et enfin, quelques tableaux et gravures voluptueuses, un portier intelligent, un joli jokei *à deux fins*, une soubrette plus adroite, deux portes d'entrée qui font que *le sortant* ne se rencontre jamais avec *l'entrant*. Eh mais, cher lecteur, une femme qui se destine aux affaires, a tout cela pour un millier d'écus. Comme les principales valeurs de son magasin sont *en nature*, et qu'elle les porte toujours avec elle, les accessoires et le mobilier sont très-faciles à se procurer. D'ailleurs, pourvu qu'elle déclare ses *ho-*

norables projets à un tapissier philosophe, elle en trouvera vingt pour un qui lui fera toutes les avances de ses tréteaux, et, à défaut de tapissiers, maintes matrones qui agiotent sur les *denrées féminines*, lui arrangeront, moyennant des remises, son sérail mercantile.

Ainsi donc, pour revenir à notre Psyché, elle vint s'établir, avec sa fidèle Betty, au Pâté des Italiens; l'Opéra s'y étant transporté, elle augurait bien de cet emplacement qui lui offrait un beau mouvement d'hommes, et présentait les chances les plus favorables aux galantes *pipées*. D'abord elle va sur le midi au boulevard des Italiens, avec sa femme-de-chambre; (c'est toujours son premier lieutenant), et là, assise sur une des chaises qui font file sur le devant du café *Hardy*, elle reluque les oisifs, les passans, les riches célibataires ; et peu curieuse des beaux jeunes gens, qui ordinairement n'ont que des folies, des balivernes à dire, mais fort peu d'or à donner, le grand système d'une femme entretenue consiste essentiellement à viser à l'opulent, à l'homme mûr, dont la fortune faite, la maison bien établie, présente aussitôt une *vache-à-lait* qu'on peut traire à belle baise-main. Un gros ventre en forme convexe, une demi-douzaine de cachets cossus, le front dégagé, beaucoup de cheveux gris et les mains derrière le dos, annoncent de suite un payant facile. Nos rusées ont là-dessus un tact extraordinaire, et le célèbre *Lavater* ne connaissait peut-être pas mieux la physionomie ; rarement elles se trompent ; un instinct, une grande habitude de manier les hommes, leur ont donné cette profonde connaissance du cœur humain, et à quelques *lessives* près(*), qu'elles essuieront de la part de certains chevaliers d'industrie, jamais elle ne prennent le change sur un personnage aisé, ou sur ce qu'elles appellent avec dédain *un malheureux*. A cet égard, les femmes entretenues pourraient donner des leçons de sagacité et de pénétration aux inspecteurs de police ; on va jusqu'à dire qu'elles ont aussi les leurs, et que des flaneurs à gages sont payés par elles pour les instruire de l'arrivée des étrangers dans les grands hôtels garnis , où elles s'installent quelquefois sous différens rôles de veuves ou de solliciteuses.

Mais Rosalie n'est plus ici, dans ces nouvelles localités, *Rosalie-Psyché* ; on sait que cette classe change de nom autant de fois dans l'année, qu'un ac-

---

(*) C'est leur expression.

teur change de costumes. Rosalie est donc *madame de Sainte-Albertine*, *catin* de bon ton, jolie comme un ange, babil superficiel, ingénieux, et prête à toutes les parties, surtout quand on *y pompe* bien, et que l'orgie est complète. Un jour qu'elle venait d'ôter ses *gants gras* de chez Dulac, (*) et que lavée, rincée, *intra et extra*, la bouche parfumée d'opiat, le teint bien travaillé, mise comme une actrice richement entretenue ; un jour, dis-je, qu'à une heure à-peu-près, elle se proposait d'entrer en chasse dans le beau quartier, Betty accourt, toute joyeuse, toute effarée : « Madame, madame, mes cartes ont fait merveille : je vous amène la plus

____

(*) Ces gants gras, qui coûtent six francs, embellissent la peau, la maintiennent fine et rosée ; il faut les mettre le soir, en se couchant, et passer la nuit sans les ôter.

belle *boule de neige* que vous ayez jamais vue ; soixante ans et un équipage !... — Explique-toi ; que veux-tu dire avec tes cartes ? — Eh bien oui, madame, à votre insu, voyant que le *casuel* n'allait pas, j'ai imaginé des cartes sur lesquelles j'ai écrit « que madame de Sainte-Albertine, veuve de 21 ans, desirerait avoir un pensionnaire d'un âge mûr ; qu'elle attachait beaucoup plus de prix *à la société* qu'au prix de la table ; enfin, madame, mes cartes, répandues dans le public, vous amènent un *trésorier* qui me semble de la première force ; ses jambes goutteuses ne lui permettant pas, comme à moi, de franchir les escaliers, il est sans doute encore au premier étage, soutenu par ses domestiques...
—Viens, que je t'embrasse Betty ; mais, voyons, dépêche-toi, ma mignonne ; mon rouge ; vite, Betty, ma pommade de

limaçon ; tiens, ma petite, serre un peu mon corset, dégage ma gorge....; tire aussi les rideaux. Pour Dieu, cache donc ce maudit pantalon d'Alfred, qui a passé la nuit avec moi, et *ces taffetas gommés*, cette verge..., ces petites fioles...; vraiment, tu ne penses à rien, Betty. — Bien ! donne-moi un mouchoir de batiste ; range ma seringue ; vite mon guéridon, mon feston, et Adèle, le dernier roman de *Nodier*. Tu diras aussi au portier qu'il vienne prendre mes ordres quand *le vieux* sera là ; qu'il n'oublie pas son tablier à poches et son plumeau ; il saura bien ce que ça veut dire. »

Déjà on entendait sur le palier la grosse toux sèche de l'étranger qui se mouchait en mesure, ce qui faisait retentir les échos de l'escalier très-sonore ; déjà, dis-je, madame de Sainte-Albertine, *en scène*, les mains en l'air, pour se les rendre plus blanches, après s'être donné de vives claques sur le derrière, afin d'enluminer son teint, s'être mordu les lèvres jusqu'au sang, ce qui les rend vermeilles, et avoir bien étudié dans sa *Psyché* les plus belles singeries de femme honnête, est assise, le pied sur un petit tabouret, quelques bagues aux doigts, mais sans prix et sans affectation. On frappe; Betty ouvre, annonce M. le comte de Toux-Sèche, grand personnage maigre, cheveux de lin, carcasse étique de l'ancien bon-temps, dont les membres secs et évidés menacent de se casser comme un verre, si le bonhomme vient à tomber sur le parquet. On ne peut faire le portrait de ce grotesque individu, sans se rappeler aussitôt cette tirade caustique de Gilbert :

ne dirais-je d'ARCAS, quand sa tête blanchie,
En tremblant, sur son sein se perche appesantie ?

Quand son corps vainement de parfums inondé
Trahit *les maux secrets* dont il est obsédé...
Scandalisant Paris de ses vieilles tendresses,
ARCAS, *sultan goutteux*, veut avoir vingt maîtresses..
Mais en fripon titré, pour avoir leurs appas,
ARCAS vend au public *le credit qu'il n'a pas.*
Digne fils d'un tel père, Alford, chargé de dettes,
Met ses jeunes amours *aux gages des coquettes.*
Plus philosophe encor, d'Orim..nd ruiné,
Epouse un équipage, en épousant Phryné.

Mais revenons : les polit..sses d'usage remplies, l'étranger assis dans un fauteuil de velours jaune qu'il est loin d'emplir, après avoir adressé quelques complimens à la charmante Sainte-Albertine, lui exprime le desir d'être *l'heureux pensionnaire* qui partagera sa table (expression honnète qui, en pareil cas, chez les femmes entretenues, dit *le lit.*) Le Comte de Toux-Sèche veut même en ignorer le prix; il ne saurait, dit-il galamment, trop acheter le bonheur de contempler tant d'attraits. Il est d'ailleurs entièrement maître de ses actions, en sa qualité de veuf sans enfans ; et, pour arrhes, il met sous le flambeau un rouleau de cent louis, en demandant la permission de venir le lendemain manger sans façon la soupe de Sainte-Albertine. Sur ces entrefaites, le portier, costumé en valet-de-chambre, un plumeau à la main, arrive. Notre fine maîtresse de lui ordonner aussitôt quelques faux messages, dans lesquels elle nomme plusieurs personnages de distinction avec qui elle affecte d'être en relations habituelles. Son feston à la main, elle feint une maîtresse de maison entourée de l'estime publique, et achève d'enchanter son *Caduc* par son bon ton et ses manières aisées. « Que lisez-vous là, madame, s'il vous plaît ? voulez-vous bien permettre ?—Faites, monsieur le Comte. »—Ici M. de Toux-Sèche ayant placé ses bésicles, épèle le titre du roman dont nous avons déjà parlé. « Ah! je connais ça, dit l'étranger. — Oui, repartit Sainte-Albertine, c'est plein d'âme, de sentiment et de délicatesse, et surtout d'une grande force de morale. Je me suis abonnée à un cabinet de lecture, et j'ai bien recommandé qu'on ne donnât pas *à ma femme-de-chambre* de ces compositions à traits équivoques, où l'esprit consiste dans l'indécence des mots et des situations; non que je veuille affecter ici une pruderie outrée; mais je pense qu'on peut plaire à son lecteur sans gravelures et grossiers quolibets, et N*** est mon auteur favori. Sa métaphysique, douce et déliée, est celle d'une âme honnête. La multitude ne sentira pas le mérite D'ADÈLE; il y a peu de faits et point de fortes émotions; comment voulez-vous, monsieur le Comte, qu'elle goûte cet ouvrage? »

M. de Toux-Sèche partagea entièrement son opinion; il fut tout charmé de trouver dans sa nouvelle hôtesse tant de finesse de jugement et de principes : « J'ai encore, repartit Sainte-Albertine en tirant deux volumes de dessous l'oreiller de son sopha, un roman qui a de la vogue; LES OMBRES SANGLANTES : c'est ce que nous avons de mieux dans le genre noir; je vous assure que j'ai eu une peur délicieuse la nuit dernière en le lisant; mon lampadaire d'albâtre jetait alors des teintes sombres dans mon appartement, et la magie a été complète ».

L'entretien, après avoir roulé sur la littérature romantique, passa aux modes, aux spectacles, à la politique, aux acteurs. Sainte-Albertine continua de raisonner en femme de goût et d'esprit, plaça adroitement quelques mots sur sa famille, qui jouait un assez beau rôle dans la robe, et s'efforça de paraître une femme de mœurs aux yeux de notre sotte dupe; car elle avait aussitôt démêlé dans ses regards et ses manières que sa passion était pour le *genre femme-honnête*; et, Protée adroit, elle avait de suite pris cette nuance. C'est là surtout en quoi consiste l'art versatile de cette classe de femmes; faut-il paraître petite dévote, prude, petite bourgeoise, rouée sans frein, bacchante effrénée, Messaline perdue, ou femme de cour...? elles revêtent aussitôt l'habit, la tenue, la manière de ces rôles, et vous en donnent pour votre argent.

On pense bien qu'elle avait affecté encore de ne pas apercevoir le rouleau mis d'une main tremblante sous le chandelier par l'heureux pensionnaire; c'est étonnant comme Sainte-Albertine avait la vue faible en certaines occasions! mais à peine *la boule de neige,* suivant le sobriquet insolent de Betty, eut-il les talons tournés, et ses deux domestiques l'eurent-ils aidé à descendre l'escalier, que notre friponne d'intrigante se hâta de courir vers le métal précieux. Elle compta devant sa soubrette enchantée cent bons louis qui n'avaient pas passé par les mains *rogneuses* des Juifs, et elle en donna dix à Betty pour son droit de commission, en lui recommandant bien de lui procurer toujours de pareils pigeons à plumer. Ce ne fut donc ce jour-là que bombance dans la maison. Betty ne finissait pas dans ses remarques: l'équipage du Comte était magnifique; elle irait sans doute dedans, disait-elle; le valet-de-chambre de *Monsieur* l'avait regardée d'un certain air qui promettait; puis, les armes de *Monsieur*, (car chez les femmes entretenues ainsi que chez la gent valetaille, on dit toujours *Monsieur*, et d'un ton qui n'appartient qu'à ces deux classes); puis, ajoutait Betty, les armes de *Monsieur* avaient deux lions et de grands mots latins, ce qui annonçait indubitablement un rang très-distingué. Ensuite le cocher était très-insolent. Bref, ça ne pouvait être, surtout à ce dernier indice, qu'un grand personnage.

Saint-Albertine ne manqua pas, en sa qualité de gaspilleuse, d'aller *aux Indiens*, sur le boulevard, acheter deux ou trois *bayadères*; rue Vivienne, cinq à six chapeaux à plumes de *marabou*, d'*ardus* et de *paradis*; puis, au Palais-Royal, des huiles, des essences du *Cathay*, vingt paires de souliers de Florence, très-peu de linge utile, même indispensable, mais plusieurs douzaines de paires de gants de la plus grande finesse. Son boucher,

son boulanger, sa fruitière, son limo-
nadier, furent tout-à-fait oubliés, sa-
crifiés pour ces importantes acquisitions,
et elle eut grand soin de faire quelques
détours, afin d'éviter de passer devant
leurs boutiques ; il n'y a rien qui porte
malheur comme de payer ses dettes un
jour de succès. Mais en revanche, elle
dégagea un cachemire qu'elle avait chez
ma tante (*), et fit emplette aux
baraques du palais, de trois chemises
de batiste garnies de dentelles, pour
la première nuit des noces de M. le
comte de Toux-Sèche.

Rentrée au logis avec toutes ces mu-
nitions contre l'ennemi, Sainte-Albertine se remit à *flûter* du marasquin de
Florence, se gorgea de bonbons de chez
Berthelemot, de chatteries, et gas-
pilla encore dix louis en gourmandises

____

(*) Le Mont-de-Piété.

(57)

inutiles. Des tables étaient donc couvertes, chez elle, de liqueurs, de
masse-pains, de biscuits, d'oranges à
l'eau-de-vie ; le faux valet-de-chambre,
(le portier), mercure complaisant ; Betty, la portière, fameuse tireuse de cartes, s'en donnaient tous *à bouche que
veux-tu*, avec notre déhontée, ainsi
que ça se pratique, (car ces dames
ont, en général, un esprit d'égalité,
une philosophie qui n'appartient qu'à
elles), quand Alfred, très-enluminé
des excès qu'il avait aussi commis de
son côté, arrive brusquement : Alfred
n'avait pas le vin tendre ; c'était un de
ces mauvais gredins qui ne vivent que
sur les produits de la galanterie et
tripots de jeux, *mignons* au besoin,
pillent et battent une coquine en tout
bien tout honneur. C'est là leur genre,
leur style : avec eux des rouées entretenues ne *chomment* pas de *râclées*

(c'est le mot technique), et, admirez la bizarrerie, elles adorent l'infâme fainéant qui les dépouille, qui les frappe dans les parties les plus délicates, mais elles couvrent de railleries et de ridicules l'homme qui leur fait du bien !... Au surplus, c'est très-bien fait ; il faut qu'un époux, qui par inconduite abandonne le sort de ses enfans, soit puni dans toute sa vanité ; que le sexagénaire imbécile qui pense qu'on achète de l'amour avec de l'or, soit bien joué, bien bafoué, bien raillé ; ce sont des représailles de la saine morale, et qu'elle ne saurait trop exercer. Alfred a donc remarqué le beau désordre de comestibles qui règne dans l'appartement ; il y a là-dessous un banquier, se dit-il ; ça sent l'argent frais ; le fait n'est pas douteux. Albertine, dit-il à notre héroïne, tu as fait *quelque chose* aujourd'hui,

J'en suis sûr; j'ai tout perdu à la roulette; on me poursuit dans mon hôtel pour ma table et mon loyer; il faut que tu me donnes quelques louis. — Tu *te fiches* pas mal de moi, *meurs de faim*; penses-tu que je t'entretiendrai? je t'ai encore donné trois *jaunets* avant-hier; allons, ne viens pas aujourd'hui m'étourdir les oreilles. *Gagne-z'en*; fais comme moi. (1) Quand j'y réfléchis, il faut que tu sois bien *guenipe* de vivre sur l'*usufruit* public de ma personne...... Que tu es plat! que tu es lâche! tiens, tu n'as pas d'âme, Alfred!... Celui-ci, sans s'émouvoir, a remarqué sur le sopha la gibecière et le mouchoir d'Albertine, auquel est fait un nœud qui contient quelques pièces d'or; il s'en empare donc sans

____

(1) Le lecteur nous pardonnera ces expressions triviales; mais nous devons peindre la nature, autrement les tableaux ne signifieraient plus rien.

façon, en attendant les événemens, et
sans faire cas des cris de sa maîtresse.
Mais Rosalie, furieuse, lui a lancé à
la tête un bol de punch tout brûlant,
qui flambe sur ses épaules, sur sa che-
velure ; pour se venger d'une apostro-
phe aussi terrible, Alfred donne un
vigoureux coup de pied à Sainte-Albertine, et sans ménagement, sans humanité, la frappe sur la gorge avec une
fureur qui ne peut s'exprimer. Albertine courageuse, se venge, et armée
d'une fourchette qu'elle a saisie au
hasard, elle lui en assène un coup
contre l'œil droit... Le sang jaillit ; le
sein d'Albertine en est taché ; des
cristaux précieux sont brisés dans ce
tumulte, et notre héroïne, les cheveux épars, assise sur son canapé, se
met à vomir mille horreurs contre son
odieux amant. C'est dans ces récriminations, faites avec toute la rage de la
vérité, que les secrets les plus hon-

teux sont dévoilés. Alfred a mérité la corde, ce n'est pas douteux; mais Albertine est sa complice; Betty a trempé dans tous ces manéges infâmes; le portier, la portière ont un grand intérêt à tout masquer; la paix se rétablit donc insensiblement; on se remet à boire, à s'enivrer; le raccommodement complet a lieu dans une scène d'*à parte*, et Rosalie, battue, la gorge noire encore des *caresses* d'Alfred, lui prodigue ses tendresses, et l'appelle en l'embrassant d'une manière impudique, son *mauvais gueux*.

Le calme entièrement rentré dans le ménage, Albertine veut qu'on lui tire les cartes, car personne n'est superstitieux comme une femme entretenue; c'est sa portière, la pythonisse du quartier, qui s'acquitte deux fois au moins par jour de cette plaisante commission. D'ailleurs, elle sait interpréter tous les songes, lit dans le marc de café, dans le blanc d'œuf, et ne se trompe jamais sur les pronostics de l'argent. « *Un vieux*, lui dit-elle, en étalant son premier tri, vous fera beaucoup de bien ; voyez plutôt ce roi de trèfle. —Ah, ma chère ! *c'est ma boule de neige !* s'écria Albertine.—Ce blondin-là, en désignant le valet de cœur, vous causera aussi bien des tracasseries. — C'est toi, dit-elle en regardant Alfred, mauvais roué ; viens, que je t'embrasse... comme ça...» Puis elle lui mordit la lèvre en faisant mille singeries, et les gestes les plus indécens. La portière ne laissait pas de continuer ses occupations nécromanciennes. «Ah ! par exemple, se mit-elle à dire, en fixant l'attention sur la dame de pique, voilà une petite brune qui vous fera bien du mal. Je parie, s'écria tout enflammée de colère Sainte-Albertine, que c'est cette *gueuse* d'Éléonore des Variétés, qui ne peut mé pardonner de lui avoir soufflé un petit commis qui m'a fait faire un soir une charmante partie à Marbeuf, et m'a donné la montre de sa femme, qu'il lui a dit avoir perdue!... »

Ainsi à chaque coup de cartes nouvelles réflexions plus abjectes les unes que les autres. La nuit étant venue, on se sépara; Alfred courut au n° 113; Albertine passa la nuit avec Betty dans le même lit; la dépravation de ses goûts explique assez qu'elle savait se passer de l'autre sexe.

Le matin, Alfred ne manqua pas de venir; on était en fonds, et c'est alors qu'il était très-assidu. Il amenait avec lui quelques farceurs, piliers scandaleux d'estaminets, et déclara impérativement qu'il voulait manger des huîtres bien arrosées de Chabli. Albertine ne demande pas mieux; tant qu'il y aura six francs dans le nœud du mou-

choir, tout doit rouler à la hussarde.
Une, deux cloèyres sont donc appor-
tées ; on se grise de nouveau ; on jure ;
on chante des couplets infâmes ; Albertine répète tous ses rôles, imite la
marche chancelante de *la tête de neige*,
fait le détail scandaleux des moyens
qu'elle va prendre pour le ruiner, des
caresses qu'elle emploiera pour arra-
cher à ce vieux tronc chargé de frimas,
quelques pâles étincelles ; elle figure
la scène, et fait rougir même jusqu'aux
vauriens méprisables qui l'entourent.
Dans cette orgie, les heures s'étaient
rapidement écoulées ; l'ivresse gagnait
tous les esprits ; le bruit était au comble, quand Betty, étant sortie pour
quelques détails du déjeûner, rentre, la
consternation peinte sur le visage, en
s'écriant de toutes ses forces : « Madame, madame, *la boule de neige !
la boule de neige !* il n'y a pas un ins-

tant à perdre. » Aussitôt les bouteilles roulent sous le lit ; Albertine ouvre toutes les fenêtres, afin de faire passer les odeurs du vin ; un pâté d'Amiens est caché dans un *somno*, des tartes entre les draps, les huîtres volent dans un grand seau de faïence ; chacun devient un garçon de restaurant. Alfred, se cache entre deux matelas ; son ami file dans un cabinet, où il s'enferme ; un étourdi se fourre sous le canapé ; celui-là sous le lit, celui-ci s'ajuste derrière l'étui d'une harpe, et s'y tient blotti ; et cet autre enfin, Auguste, s'étend tout de son long sur le canapé même. Albertine, après s'être ajustée et remise de son trouble, s'assied sur lui, le couvre de son schall, le masque de son mieux ; le guéridon devant elle, et son feston à la main, elle attend sa *boule de neige,* qui débute en entrant par un violent accès de quinte. En ce moment, Albertine avait ordonné à Betty de brûler quelques clous parfumés, afin de faire passer, disait-elle, l'odeur trop forte d'un flacon de tubéreuse qu'elle avait laissé tomber maladroitement. En effet, remarque le Comte, je sens comme le mélange de certaines liqueurs : s'il avait eu l'oreille plus fine, ou le moindre soupçon, il n'aurait pas manqué d'entendre des éclats de rire mal étouffés qui partaient d'entre les matelas du lit : de son côté, Auguste, pressé par les appas d'Albertine, n'était pas non plus très à son aise ; il la portait entièrement sur ses épaules, et la situation était pénible. Heureusement que M. de Toux-Sèche, après avoir offert quelques galanteries de prix à sa chère hôtesse, suivant son expression, se retira, attendu qu'il n'était alors que deux heures, et qu'il avait bien le

temps de lire les journaux au Palais-
Royal avant le dîner. Albertine l'assura qu'elle n'épargnerait rien pour
se rendre digne de tant d'honneur, et
après avoir laissé baiser respectueusement sa main, elle le reconduisit jusque sur l'escalier, en servant elle-
même, dans ses mouvemens, de voile
adroit à tout ce qui aurait pu offusquer
ses yeux.

Quand on entendit l'équipage rouler, tous nos débauchés sortirent de
leur retraite; on peut se figurer les
folies, les nouvelles moqueries qui partirent comme un bouquet d'artifice; le
détail en serait trop long; et quant à la
boule de neige, au vieux *grison*, les
liaisons au poids de l'or qui suivirent
furent toujours marquées au coin des
roueries d'Albertine : au point que le
pauvre homme, complètement ruiné
dans l'espace de deux ans, eut à peine

de quoi se retirer en province avec quelques rentes, que ne put envahir le gouffre de ses ridicules amours.

De ce personnage Albertine passa dans les bras de vingt autres, qu'elle dévora jusqu'à l'épiderme ; mais telle que les Danaïdes, sa caisse, vrai tonneau percé, ne pouvait fixer un instant une seule pièce d'or ; tout s'échappait comme dans l'immensité du vide, et ses attraits et sa jeunesse filaient, ainsi que le métal sonore, avec la rapidité du temps. Bientôt plus de fraîcheur naturelle ; il faut qu'Albertine emploie un art infini à remplacer le vrai par le faux. Dévorée en secret *d'exostoses*, ses chairs tombent sans soutien, flétries par le vice et la fréquence des remèdes ; ses joues se creusent, ses dents ébranlées dans leurs alvéoles, jaunies par les caustiques mercuriels, sa poitrine attaquée, lui donnent une haleine infecte qu'il lui est impossible de dissimuler, malgré qu'elle se gargarise dix fois par heure. Alfred, n'éprouvant que du dégoût et de l'horreur dans ses bras, a disparu avec ses plus précieux diamans. Actionnée, saisie par ses créanciers; il faut qu'elle revendique, au coin de la borne, les droits d'un métier dont le dernier artisan ne parle qu'avec mépris. C'est là, les pieds dans la fange, qu'elle se rappelle et sa mère et sa précieuse innocence; c'est dans cette position affreuse que de tardifs et d'inutiles remords viennent effrayer son imagination affaiblie par un jeûne de vingt-quatre heures : sur un lit de copeaux, à un cinquième étage, elle gémit, et l'hospice des Capucins reçoit ce squelette affreux sur lequel tous les maux que la galanterie traîne à sa suite, ont imprimé leurs ravages vénériens,....

Enfin., elle succombe dans les douleurs des plus ignominieuses opérations ; et son corps, autrefois l'idole et l'amour des opulens libertins, objet d'horreur même pour les garçons d'amphithéâtre, ne peut seulement obtenir les tristes honneurs de la dissection ! ! !...

Ainsi,

A la ville , à la cour, au sein de l'opulence,
Sous les affreux lambeaux de l'obscure indigence,
La débauche au teint pâle, aux regards effrontés,
Enflamme tous les cœurs vers le crime emportés...

LE
COLIMAÇON SYPHILITIQUE,
ou
LASTHÉNIE,
LA FAUSSE DÉVOTE.

Mœurs mystiques. Hypocrisie, coquette-
rie du cloître. Un marquis trompeur
et trompé ;.... un quatrième étage ;...
une mansarde ;... un lit de paille ;...
les souffrances... la mort !

Qui blâmerait ces nœuds ? L'hymen n'est qu'une mode,
Un lien de fortune , *un veuvage commode,*
Où chaque époux, brûlé d'adultères desirs,
Vit sous le même nom, libre dans ses plaisirs.
GILBERT, 18.e siècle.

LE masque le plus coupable que puisse
prendre une femme galante, c'est sans
contredit celui de la religion. Malé-

diction, mille fois malédiction à ces monstres hypocrites qui font de la dévotion un rôle favorable à leurs criminels desseins! Molière les a justement frappés d'un vers sanglant; signalons à notre tour ces Laïs - tartufes qui, sous la bure et la guimpe, marchent au vice, les yeux pudiquement baissés, et profanent, dans un mélange scandaleux, les rosaires et tous les signes de la divinité, avec les instrumens honteux du libertinage.

Lasthénie Barcourt était fille unique d'un bon médecin d'Abbeville, en Picardie : veuf depuis long-temps et assez aisé, il n'avait rien négligé dans l'éducation de Lasthénie, qui, fort jolie femme et d'un esprit facile, répondait parfaitement à ses leçons; un seul point affligeait ce médecin; sa fille avait témoigné dès l'enfance un fonds de dissimulation insupportable.

Dans la moindre de ses actions, c'était un défaut de franchise qui révoltait : pour une bagatelle, Lasthénie imaginait une imposture, et sa passion favorite était de mentir et de feindre. C'est surtout à l'église que son vice favori prenait le plus d'accroissement; à la voir psalmodier ses vêpres, ses complies et ses *oremus*, on l'eût prise pour quelque sainte tombée des nues. La moindre chose blessait ses regards pudibonds; le discours le plus innocent portait ombrage à son esprit scrupuleux : affectant la plus grande sévérité envers elle-même, elle volait à son confessionnal au moindre péché véniel, et s'accusa plus d'une fois d'avoir tué une puce avec colère, dans un mouvement irréfléchi de vivacité.

M. de Barcourt composait sagement avec cette situation, et remerciait le destin de lui avoir donné un enfant

qui, en résumé, avait un assez beau
défaut; car, si quelqu'excès peut s'ex-
cuser, ce sera celui de la dévotion.
Lasthénie n'en portait pas moins sous
le voile de ses longues paupières toujours à demi-baissées, les passions les
plus violentes, surtout celle de l'ambition : la tête remplie de ses desseins
coupables, elle desirait en secret la
mort de son père, afin de jouir d'une
entière liberté; elle ne tarda pas à arriver, et Lasthénie, réalisant sa petite
fortune, alla se fixer à Paris, rue
Saint-Honoré, près l'église Saint-Roch,
avec une vieille servante, espèce de
sœur-grise travestie qui faisait réfléchir
sur elle tous les airs mystiques du
cloître. Le quartier et les jeunes gens
remarquèrent infailliblement une nouvelle débarquée dont la conduite répandait une odeur de sainteté dans
tous les environs. Lasthénie ne man-

quait pas un prêche, un enterrement,
une neuvaine, et l'on ne cessait de la
voir en prières sur le marbre du temple. Quelle vertu rare, s'écriait-on,
dans le siècle où nous sommes!...Cette
demoiselle est vraiment un ange dont
le voisinage ne peut qu'appeler les
bénédictions du ciel. Comment, elle
est belle, libre de sa personne, et sage
à ce point! La toilette n'a aucun at-
trait pour elle; elle rejette les hommages des hommes, et n'a pas l'ambition de briller : elle est charitable,
indulgente, ne juge pas les gens sur la
parure, et ne raille pas impitoyable-
ment ses meilleures amies!... Certes,
elle n'est pas Française et encore moins
Parisienne...

Entrait-on inopinément chez Lasthénie, on la voyait entourée de men-
diants, de vieilles femmes infirmes,
investie, pour ainsi dire, de béquilles,

d'enfans et de haillons; elle ressemblait à la déité de la bienfaisance, en se chargeant ainsi de se rendre l'avocate des infortunés près le Bureau de Charité de l'arrondissement. Bastienne, sa vieille servante, affectait elle-même d'être sa dupe, et quittait souvent son rouet et sa quenouille, pour lever les mains au ciel en admiration de tant de vertus.

Cependant beaucoup d'amateurs s'étaient poliment présentés pour faire la cour à notre hypocrite; l'un avait pris l'occasion de lui donner la main quand elle quêtait; l'autre, plus entreprenant, l'avait demandée positivement en mariage; mais elle avait répondu que ne se sentant aucune disposition pour cet état, son dessein était de consacrer sa vie à Dieu, et de s'ensevelir dans un cloître. La perfide avait son but, et ne voulait lever le masque que pour un un grand coup. Le marquis italien de Somorelli ne l'avait pas remarquée à l'église, sans éprouver la plus vive émotion; l'élégance de sa taille, la chaste coquetterie de sa mise, avaient plus éveillé ses sens que les toilettes les plus brillantes des autres femmes. Physionomiste profond, le marquis avait, le premier, soupçonné de la ruse, de la fausseté et du projet dans la conduite originale de cette fille, qui, sincèrement dévote et vertueuse, eût plutôt recherché le silence et la retraite, que l'apparat et l'ostentation dans lesquels elle ne laissait pas de s'investir avec une sorte d'appareil imposant. Parbleu, se dit-il, je pénétrerai la vérité; je démasquerai l'imposture : rien ne me porte obstacle, j'ai de la fortune, je suis célibataire, et je puis bien sacrifier à cette découverte quelques centaines de louis. En effet, le marquis ayant soigné sa toilette, et ordonné à ses gens en grande livrée de l'approcher dans l'église, afin de montrer de suite son rang, se mit à jeter quelques regards furtifs, mais bien passionnés, sur la belle dévote, plongée en ce moment dans les méditations les plus profondes de son néant. La rusée était bien éloignée de réfléchir avec un sentiment de piété sur la fragilité des choses humaines et l'avenir d'une vie éternelle : tout entière à ses projets spéculateurs, quoiqu'en apparence absorbée sur son petit Massillon, les œillades du marquis ne lui avaient pas échappé ; ses gens, sa livrée encore bien moins, et Lasthénie fondait déjà sur cette première proie les plus brillantes espérances.

Le service divin fini, on sort de l'église, on descend le pérystile ; notre héroïne, aussitôt entourée de ses pauvres, distribue avec un air de mysticité recueillie quelques pièces de monnaie, et ne s'échappe pas de ce cercle en guenilles, sans entendre s'élever de toutes parts un concert de bénédictions. Quel ange, disaient les hommes! tous desiraient que cette belle main les secourût..... Quelle bégueulerie, quelle affectation, ajoutaient tout bas, sous l'éventail, les femmes, plus difficiles à tromper!—Il y a là-dessous quelque mystère, quelque sainte supercherie, ce n'est pas douteux.

Enfin, Lasthénie se dirige vers la rue Saint-Honoré, mais le pied lui glisse, en faisant un faux pas; le fit-elle exprès?... c'est assez probable. Le marquis, qui la suivait de très-près, se trouve là à-propos pour lui offrir son bras. La pudeur, les convenances ne peuvent s'en trouver blessées. Son équipage avance; et il la supplie ga-

lamment de lui permettre de la reconduire chez elle. On accepte, après
quelques minauderies de pure forme.
L'entretien prend un cours conforme
aux habitudes, à la dévotion généralement reconnue de Lasthénie. Le marquis redouble d'éloges à son égard, et
dans ses louanges passionnées, l'offre
comme un modèle de vertu bien rare
pour le siècle. Il exprime le regret
qu'une si rare merveille n'ait pas vu
le jour en Italie, contrée bien plus favorable aux saintes vocations. Bref,
la conversation ne fait que rouler sur
le peu de valeur des vanités et des hochets de la vie; Lasthénie pousse à cet
égard le mépris jusqu'au plus froid
dédain, et ne voit de véritable félicité
que dans la double pureté des sens et
de la conscience, ainsi que dans l'espérance ineffable d'une béatitude éternelle. Sur ce point, l'exaltation de

son âme va au plus haut degré. Quelle enveloppe méprisable que la nôtre! réfléchit-elle souvent; le souffle du temps, le souffle du vice la flétrit comme une fleur éphémère; une femme était belle hier, aujourd'hui son éclat a passé; la vertu seule brille d'un lustre continuel, et ne craint pas ces brusques altérations.

C'est en discourant de la sorte que l'équipage du marquis arriva à la demeure de notre fourbe audacieuse; il eût été peu poli après cette attention de la part de l'étranger de ne pas l'inviter à monter. M. de Somorelli se garda bien de refuser; il entre donc dans un appartement sans faste, mais orné de tout ce que la recherche de l'esprit de la gente dévote peut imaginer pour rendre délicieuse une retraite dont un luxe profane est banni. Ainsi, il ne faut pas s'attendre à ce que le lit de Lasthénie fût en tombeau, à riches pilastres, ou en vaisseau mobile: grand Dieu, quel blasphême!... non, figurez-vous une alcove dont la tenture est de soie cramoisie, le fond de velours noir sur lequel éclate modestement un christ en ivoire. Un prie-dieu est à la droite avec les sermons du P. Lenfant, et les oraisons éloquentes de Bossuet. Point de *somno* mondain, de *vase ovale en porcelaine* vu trop souvent dans l'alcove d'une Française; ces détails sont pudiquement dérobés à la vue de tous les mortels, qui doivent ignorer si Lasthénie est soumise aux lois *triviales* de la nature. Tout le reste de l'ameublement se ressent de ce caractère d'hypocrisie; aucune gravure mythologique, point de ces *nudités* de muséum, telles qu'on les voit chez tant de femmes philosophes; nudités où les sexes ostensiblement exposés à la vue d'une jeune fille, l'instruisent aussitôt des plus délicats mystères de la pudeur. Non, on ne voit chez Lasthénie que saints et que saintes; la Madone de Raphaël, la Madeleine du Titien, et le martyr d'Agathe; tels sont les objets qui occupent gravement la pensée. De doubles rideaux voilent les croisées; un gros chat, seconde image de l'hypocrisie, fait la roue près la quenouille de Bastienne, et un silence religieux règne dans ce lieu imposant.

Voilà comment Lasthénie avait monté son théâtre; qu'eût fait de mieux une vieille rouée de la Chaussée d'Antin? Ce n'est donc pas une route battue qu'elle prétend parcourir; son génie créateur s'ouvre des chemins nouveaux dans le haut commerce de la galanterie; et c'est par les contraires qu'elle se fonde ici un comptoir de voluptés mercantiles.

Que les femmes galantes de Paris sont sottes et peu heureuses en inventions, se disait-elle quelquefois dans ses soliloques calculateurs !... la nature les a-t-elle pourvues de quelque beauté....., aussitôt les voilà sur le trottoir, en plein midi, affichant la nudité la plus dégoûtante : l'une se ceint la taille d'une telle force, que toutes ses formes sont, pour ainsi dire, sans voiles, et prêtes à éclater ; le passant voit donc, sans bourse délier, *le mécanisme* de tous ses mouvemens, et en a la question avant même d'en jouir. Celle-ci, plus gauche, place la lubricité dans ses regards provocateurs, et s'imagine que la volupté consiste dans une attaque *à main - armée ;* l'homme fuit son approche énergique, en craignant autant pour sa bourse que pour sa santé. Une autre, plus maladroite encore dans ses croisières galantes, se découvre entièrement le sein, les bras, et, si ce n'était l'ordre de la police, on la verrait *in natura-libus*, traverser intrépidement les brigades d'hommes. Stupidité étrange! certes, elle ne connaît pas cette juste réflexion de ce grand philosophe de la Grèce : « *Que si la femme avait seulement le petit doigt de la main enveloppé, ce serait là que la volupté placerait tout son délire....* » Pour moi, je ne veux point imiter, se disait notre Phryné, toutes ces catins sans génie, et dont toute l'ambition consiste à faire quelques hommes *de douze francs*, dans une maison de *passe*, ou bien à se faire payer un dîner à Marbeuf ou à Delta. De plus hautes destinées me réclament, et je n'échangerai mes faveurs que contre des rouleaux d'or. Voyons donc si ce plan de profondes roueries aura son exécution.

Le marquis avait trop l'usage du monde pour ne pas abréger cette première visite; il eut seulement le soin de s'y ménager le droit d'en faire une seconde sous le voile favorable de l'intérêt qu'il prenait à la santé de sa belle malade. Son médecin vint même par son ordre donner ses ordonnances chez Lasthénie; et son valet-de-chambre n'ayant cessé pendant quelques jours de s'informer, de la part de son maître, de l'entorse du joli petit pied luxé, les communications et les rapports se trouvaient déjà parfaitement établis.

On s'imagine bien que cette vieille Bastienne n'était qu'un masque affreux; une entremetteuse déguisée et gagée pour jouer un rôle : souvent M. de Somorelli avait jeté attentivement les yeux sur elle lors de ses allées et venues, et, en sa qualité d'excellent physionomiste, avait cru découvrir dans son visage creux et sillonné, certaines petites niches où le vice avait odieusement marqué son long séjour; la fraude, l'infamie enfin logeaient depuis long-temps sur ce visage, suivant sa pénétration, et il chargea Ruelli, son valet-de-chambre, de sonder cette vieille perverse : N'économise pas les présens, les liqueurs, l'argent même, et instruis-moi promptement de tes découvertes. En effet, Ruelli avait demandé un rendez-vous à l'entremetteuse, lui avait glissé quelques pièces d'or dans la main; et dans un cabinet particulier de restaurant, où il l'avait parfaitement traitée, il avait, en la grisant au dessert, tout appris de cette complice indiscrète. Ma maîtresse, lui avait-elle révélé, n'est qu'une fourbe qui cherche un riche entreteneur; d'ailleurs, elle passe une partie des nuits avec un joli petit cabotin. Sachez donc que mon rôle m'a été dicté, et que j'ai douze francs par jour pour filer ma quenouille, et ne pas manquer tous les dimanches d'aller à l'office.

Bastienne avait été récompensée largement de ses précieuses révélations, et avait promis de les continuer, si l'on était toujours aussi généreux. Ainsi Lasthénie, la profonde Lasthénie, n'a plus désormais auprès d'elle qu'un Argus délateur, qui va vendre tous ses secrets.

Le marquis enchanté de voir ses premiers soupçons se réaliser, travaille aussitôt à la sape, et, en quelque sorte, honteux d'avoir été pris longtemps pour une pauvre dupe, jure de se venger promptement et d'une manière éclatante. Il se rend donc chez notre fausse dévote, et, après quelque préambule préparatoire, il aborde assez brusquement la question. Belle Lasthénie, lui dit-il, pourquoi feindre davantage? toutes mes démarches jusqu'à-présent ont dû vous révéler une passion dont votre austère vertu suspendait le timide aveu ; je vous adore enfin, et je mets et ma fortune et mon titre à vos pieds.

En proférant ces mots d'un ton très-ému, Somorelli s'était effectivement précipité aux genoux de Lasthénie, lui faisait un tableau brillant de la vie délicieuse qu'ils passeraient ensemble, du rôle superbe qu'elle jouerait à Florence, où était sa famille qui la comblerait de bontés et de caresses ; et, pour achever de la déterminer, il sortit de son sein un écrin qui contenait une quantité de diamans précieux, son portrait enrichi de perles, et terminait par demander une dernière entrevue *dans la soirée même.*

On s'imagine bien que Lasthénie employa toutes ses ruses pour paraître blessée de ces espérances prématurées et outrageantes; qu'elle se retrancha sur tous ces lieux communs de chasteté éternelle, de mépris du monde et de ses faux plaisirs, et sur son ancienne résolution irrévocable de rester fille, et de consacrer toute sa vie à la piété. Mais le marquis rétorqua avec éloquence ses fausses idées qui blessaient même l'intention de Dieu sur son sexe, et dont la belle et sainte vocation était de remplir les devoirs sacrés de la maternité; et au bout d'une discussion, pudique d'un côté, passionnée et pressante d'un autre, à travers, dis-je, un demi-consentement, Lasthénie permit à son *futur* d'espérer, et de venir dans trois jours prendre sa réponse définitive. Somo-

relli se retira donc avec cet espoir con-
solant.

Pendant ce manége de part et d'autre, la vieille Bastienne ne laissait pas de
continuer d'instruire son curieux valet-
de-chambre, qui lui faisait faire des
dîners copieux, et lui tirait les vers
du nez entre le Champagne et le
Pomard.

Le petit cabotin n'est pas seul, lui
avait-elle encore appris de plus ; un
avocat d'un certain âge et marié nous
courtise ; j'ai aperçu un rouleau de
cinquante louis un soir sur la cheminée, et j'ai entendu des chuchotemens
dans l'alcove... Ensuite, un gros négociant nous comble de largesses en
fait de comestibles, et ma cuisine est
pleine de pains de sucre, de liqueurs
des îles, et de balles de café moka.
Ce n'est pas tout, mon cher Ruelli ;
un marchand du Palais-Royal nous

apporte, à l'insçu de sa femme, des pièces de lévantine, des schalls, de l'organdi, de la batiste et des bayadères; notre boucher même s'est mis sur les rangs, et nous entretient d'entrecôtes et de filets; bientôt le boulanger viendra, avec un sac de farine sur le dos pour offrande...... Ainsi, vous voyez que nous pouvons, avec toutes ces provisions, soutenir un long siége. Au surplus, continua la bavarde, malgré toutes ces prospérités, dont je retire une bonne part, je n'aime pas la conduite de Lasthénie dans cette circonstance; elle n'a aucune franchise, pas même *dans le métier*... Je n'ai jamais vu une femme plus dissimulée, son oreiller ne sait pas ce qu'elle pense, et je ne lui pardonnerai jamais de jouer au fin avec moi, et de m'avoir caché, pendant un long mois, un escalier dérobé , au moyen duquel le *détail* passe.....

Le marquis sut encore, par son actif rapporteur, toutes ces étonnantes particularités; le troisième jour fixé pour la réponse définitive venu, il se préparait à partir sur les ailes de l'Amour heureux, lorsqu'il reçut ce message de la part de Lasthénie:

MONSIEUR LE MARQUIS,

« Dans une circonstance aussi délicate que celle où vous m'avez placée, j'ai consulté mon confesseur : le sujet en valait bien la peine; il s'agit de mon bonheur dans ce monde... Que dis-je ? de mon bonheur dans l'autre! de mon salut enfin; mais les hautes lumières du saint homme vous sont favorables; il m'a fait envisager avec un juste discernement les dangers que ma vertu pouvait courir dans l'isolement total où la mort de mon père m'avait placée; il vous a représenté, monsieur le marquis, comme un soutien tutélaire que la Providence m'envoyait pour favoriser mes dispositions bienfaisantes à l'aide de votre fortune. Je suis donc à demi-vaincue par la raison; dirais-je aussi par l'amour?... Dieu! quel mot ai-je prononcé pour la première fois! quelle expression a souillé la pureté de mes lèvres, et combien ma dévotion se révolte des sentimens tumultueux de mon cœur!...

» Je compte sur l'honneur de vous voir dans la soirée, à sept heures. Agréez, je vous prie, les expressions de votre très-dévouée

» Lasthénie DE BARCOURT. »

Le marquis ne se méprit pas cette fois sur la fausseté et l'astuce qui res-

piraient dans cette missive; le masque
était arraché à Lasthénie par les trahi-
sons de la vieille soubrette, et cette
intrigante habile ne faisait plus que
jouer un rôle ridicule et très-divertis-
sant au fond, vis-à-vis de notre étranger. Ainsi, bien loin d'être ponctuel
à l'heure assignée, il voulut, au contraire, se présenter chez sa maîtresse
une heure ou deux plus tôt, afin de
prendre le lièvre au gîte. En effet, il
se rend à pied et sans bruit chez Lasthénie, et aperçoit à la porte une de
ces chaises-à-porteurs qu'on voit ordinairement près le perron des églises;
il monte et tire une patte de biche qui
servait de cordon de sonnette; l'obscurité était déjà assez profonde. « Mademoiselle est allée à l'angelus, lui dit
Bastienne qui ne le reconnaissait pas...
—Comment! répond vivement le marquis; elle m'a indiqué cette heure....

—Ah! pardon, pardon, je ne vous remettais pas; j'y suis, j'y suis maintenant. Ne faites rien paraître au moins de ce que vous a appris Ruelli; ma maîtresse est à-présent avec un jeune séminariste, (ne vous y trompez pas, c'est le déguisement d'un de ses entreteneurs qu'elle cache sous cet habit sacré); ils ont, dans ce moment-ci, une dispute très-vive ensemble; j'ai entendu certains mots très-extraordinaires, et ce matin encore le marchand du Palais-Royal s'est plaint amèrement. J'en ignore le sujet, mais aussitôt que je l'aurai pénétré, Ruelli vous le redira. Après cet avis dit à la hâte et tout bas, Bastienne entre dans l'appartement de sa maîtresse, et lui annonce monsieur le marquis; mais elle n'aperçoit plus le séminariste; on conçoit qu'il avait filé par l'escalier dérobé. Lasthénie s'était remise des

effets de la dispute, et assise modestement dans une bergère, un livre
de prières à la main, elle attendait
sous les armes son prétendu.

Vous voyez de retour, lui dit ce
dernier, un amant, un epoux qui
brûle plus que jamais de voir combler
son bonheur; votre chère lettre, que
je tiens sur mon cœur, m'en a donné
l'augure; répétez-moi donc de vive
voix, belle Lasthénie, que je puis
compter sur votre parole, et que vos
propres sentimens vont au-devant d'une
union si ardemment desirée de mon
côté.

Notre rusée joua de nouveau la
pudeur, la délicatesse, affecta de re-
gretter ses précieuses habitudes, mit à
contribution toutes les feintes de la
pruderie. Cependant le marquis italien
pressait sa belle main dans les siennes;
quelquefois, oubliant Dieu et la nature

entière, notre vierge plâtrée feignait
de ne pas apercevoir que la bouche du
marquis était très-proche de la sienne,
et y avait pris déjà quelques baisers
passionnés; que sa main s'égarait singulièrement, et cherchait le chemin
de l'hymen par celui du plaisir......
Alors, c'était des emportemens superbes, magnifiques; Lasthénie révol-
tée de tant d'audace, se récriait contre
le manége des hommes, qui ne se revêtent des promesses les plus sacrées
que pour abuser et triompher d'un
sexe timide et trop sensible. L'alcove
était peu éloignée; Somorelli avait
adroitement placé sur le coin de la
cheminée cinq rouleaux, que Lasthénie avait parfaitement aperçus du coin
de l'œil, et à l'aide de ce talisman,
vainqueur de tant de vertus parisiennes, Lasthénie avait enfin laissé dér0-
ber, à travers mille combats cuisans,

un voluptueux à-compte sur l'hyménée qui devait être célébré à Florence...

J'ai besoin d'être seul, dit Lasthénie, affectant d'être trop confuse
de sa défaite inconcevable : au nom
de Dieu, marquis, laissez-moi; votre
présence m'humilie et me reproche
trop amèrement mon étrange faiblesse; vous allez me mépriser sans
doute, me retirer votre précieuse estime, me confondre avec tant de femmes qui ne savent jamais résister que
dans des lettres; loin de pouvoir prétendre au nom de votre épouse, je serai à peine pour vous une Laïs entretenue... Grand Dieu ! que cette pensée
est humiliante, et combien je voudrais la détruire dans votre esprit !...

Le marquis la paya de la même monnaie; c'est-à-dire, dissimulé et faux
autant qu'elle, il lui jura une tendresse
éternelle, l'assura que toute sa fortune

était à sa disposition, et, feignant de
vouloir faire quelque chose pour la
délicatesse et la pudeur de son amante
subjuguée, il se retira en couvrant de
nouveau sa main de mille baisers de
feu. Mais quel était le but, le desir de
notre intrigante, en voulant être seule?
De compter les espèces placées sur le
coin de la cheminée : Cinq cents ducats milanais! quel gros lot! vive les
marquis florentins, se disait Lasthénie
en les comptant, pour payer une belle
dévotion ! Bastienne! Bastienne! vois
donc, ma chère, s'écriait-elle en ape-
lant sa bonne. Comment! tu remues la
tête; cinq cents ducats n'excitent pas ton
enthousiasme! et ces diamans, ces perles qu'il m'a donnés... Mais réfléchis
donc que ma fortune est faite. Peu
importe ; Bastienne retourna dans sa
cuisine, en secouant de nouveau la
tête et en se grattant l'oreille, quand

Lasthénie lui ordonna d'aller commander un beau souper chez le restaurateur voisin , et de le payer d'avance ; à cet effet, elle lui remit deux ducats milanais. Il s'était écoulé peu de minutes quand sa complice revint toute pâle : Ah, madame ! je vous avais bien fait entendre qu'il y avait quelque tricherie là-dessous ; vos ducats sont faux ; le garçon du restaurant a été les faire toucher chez un changeur, l'on m'a fait une scène on ne peut plus injurieuse, et, bref, vous avez eu affaire à plus fin que vous.

Ah, le monstre ! s'écriait Lasthénie, avec son mariage et son portrait ; les diamans ne seront pas de meilleur aloi : en effet, ce n'était que du stras du Rhin.

De son côté, le marquis tout en retournant chez lui, se frottait les mains de son ingénieux triomphe ; il avait

vaincu en finesse une friponne très-
habile, et n'avait pas dérogé en cela
à son origine. Il s'applaudissait donc
tous les jours de son piquant stratagême ; il n'avait donné que des jetons
à sa cupide maîtresse, et se proposant de faire prendre de nouvelles
informations par son valet-de-chambre
auprès de la vieille Bastienne, il se
sent pris d'un malaise général ; un
frisson soudain s'empare de tous ses
membres ; des bâillemens douloureux,
des élancemens secrets le forcent de
s'asseoir, et enfin de se mettre au lit.

Un médecin est appelé, et déclare,
en badinant, que l'Amour a des traits
qu'on ne peut pas toujours parer,
mais qu'avec de la sagesse, de la so-
briété, de la philosophie, et surtout
de la salse-pareille et des frictions, on
s'est bientôt rendu maître des boutades de Vénus..... —Comment, mon-

sieur, dit avec vivacité le marquis, que prétendez-vous faire entendre avec votre salse-pareille et vos boutades de Vénus?... — Eh bien oui, puisque vous desirez des termes positifs, vous êtes pincé comme on ne l'est pas, et vous avez une pacotille complète du nou-veau-monde. — Est-ce possible!... une prude à trente-six carats, une dévote, une vertugadin !...Raison de plus, répondait le médecin. — Ah! je conçois à-présent, se dit Somorelli, le motif de la dispute du petit séminariste dont m'entretenait Bastienne dans l'anti-chambre, le soir même de ma fatale conquête ; le grand donneur de pains de sucre, l'avocat et le petit cabotin sont peut-être aussi, comme moi, jetés sur la litière...

Le marquis ne se trompait pas ; une demi-douzaine d'honnêtes gens en te-naient des galanteries mystiques de notre fausse dévote, qui, à son tour, ayant négligé d'arrêter le mal dans ses ravages, se voyait déjà elle-même atteinte du phénomène le plus extraordinaire qui ait jamais fait l'objet des méditations des praticiens. Cependant, supérieure à ce revers de fortune, elle s'efforce de surmonter cet échec au moyen de quelques bains d'extrait de Saturne, et poursuit son rôle accoutumé.

Un jour qu'elle venait d'assister à une basse messe, elle entend converser dans son antichambre ; alors elle avance sur son pallier à petits pas, prête l'oreille, et reconnaît la voix de sa suivante qui chuchotait avec un étranger : Le marquis est furieux, disait ce dernier, (c'était le valet-de-chambre), et il a juré de se venger. — Je me proposais bien de l'avertir que mademoiselle n'était pas *sûre*, répondait Bastienne, mais je croyais qu'elle filerait davantage sa chute : au surplus, ils n'ont fait tous deux qu'échanger de faux jetons; *donnant, donnant....* — Et des éclats de rire de suivre ce mystérieux dialogue. — Ça ne peut pas durer long-temps, ajoutait la vieille; nous avons un *pinson* à l'oreille qui veut du *Nancy*, et il nous faut absolument, et c'est avant très-peu de temps, endosser la camisolle des grandes salives... Aussi, plus de pains de sucre, plus d'entre-côtes, encore moins d'avocat généreux, de pièces de lévantine chamois; tout a disparu, mon ami, le lendemain même des faux ducats : un malheur ne vient jamais sans un autre. Déjà un bruit sourd circule dans la paroisse, que nous ne sommes que des faussaires infâmes; le petit cabotin, poivré aussi comme une côtelette, a jasé avec la marchande de

(106)

modes du coin; la fruitière et le pâtis-
sier sourient avec un air de moquerie
quand nous passons; l'escalier dérobé
est découvert, et pour clore enfin ce
triste tableau, notre négociant brutal
nous a donné, hier soir, une frottée
de coups de canne dont le diable en
prendrait les armes..,. (1). Au surplus,
mon cher Ruelli, mon paquet est tout
prêt, et je file au premier coup de toc-
sin, c'est-à-dire pourtant quand Lasthénie m'aura payé onze jours à douze
francs, pour avoir filé ma quenouille
et gelé dans ses églises avec un petit
bout de cire de trois sous sur le haut
d'une chaise; et si elle ne finance pas,
j'ai déjà jeté mon dévolu sur ses meilleures nipes.

A cette dernière déclaration, Las-

____

(1) Il faut que le lecteur considère bien ici que c'est
une appareilleuse qui parle.

thénie entre furieuse : Comment, monstre, s'écrie-t-elle, c'est donc ainsi que
tu m'as trahie !... tiens, voilà la ré-
compense de tes délations ; et au même
moment elle lui applique un vigoureux soufflet ; dans l'excès de ses générosités elle ne les épargne pas à son
interlocuteur, qui en reçoit une demi-
douzaine avec accompagnement obligé
de coups de pied dans le derrière, avant
qu'il puisse parvenir à gagner le large
dans les escaliers. Lasthénie est une
fausse dévote qui rompt le frein, c'est
tout dire ; aucune furie ne peut lui
être comparée. Cependant elle avait
affaire à forte partie : l'entremetteuse,
aguerrie à ces scènes de pugillat dans
les gymnases galans du Palais-Royal,
où elle avait exercé quarante ans, les
poings sur les hanches, faisait à grands
cris le panégyrique de sa vertueuse et
chaste maîtresse. Une chambrée de

hussards rougiraient de l'entendre, tant les termes, les reproches ainsi que les récriminations sont ordurières et scandaleuses. Oui, criait Bastienne, tu as empoisonné ton père, et tu as fait avorter, dans ton sein, deux ou trois enfans; tristes fruits de ton infâme libertinage.

Tous les voisins ont ouvert leurs portes; du premier au cinquième étage on est accouru pour jouir de cette scène tragique. Lasthénie, le sein découvert, toute échevelée, n'a plus rien d'une femme; c'est un tigre en fureur; ses ongles se sont imprimés sur le cou de son ennemie, qui, devenue pourpre et bleue, va suffoquer, si on ne l'arrache au plus tôt de ses mains. Le sang coule bientôt du nez de Lasthénie, qui s'évanouit du coup qu'elle y a reçu, car c'était là principalement le siége douloureux du phénomène dont nous avons déjà parlé. Sur ces entrefaites, arrive une députation des plus notables de la paroisse, qui vient inviter Lasthénie à quêter à Saint-Roch pour les pauvres; un officier de la garde nationale se propose pour lui donner la main dans cette œuvre charitable; quelle fut donc leur surprise, leur confusion à tous, en devenant spectateurs d'une querelle aussi crapuleuse, et en apercevant leur héroïne meurtrie, ensanglantée, et surtout signalée par tous les assistans comme une scélérate capable de tous les crimes, puisqu'elle avait eu l'audace de se couvrir du manteau de la religion pour arriver plus sûrement au succès de ses galantes momeries!!!...

La députation se retire, se proposant de faire sa déposition chez le commissaire de police; le calme se rétablit un peu ; et Lasthénie, après avoir payé en valeurs d'effets sa traîtresse de soubrette, fait enlever ses meubles et change prudemment de quartier. Mais tandis qu'elle pense à assurer son impunité dans de nouvelles fourberies, son *ennemi domestique* fait des progrès effrayans ; une excroissance, une verrue qui a toute la figure et les mœurs d'un colimaçon, s'est comme élancée de ses narines ; de même que cet animal, elle a des cornes sensibles qui se replient au moindre toucher, et son berceau nage dans un bain d'humeurs visqueuses et putréfiées..... Chaque jour elle prend un nouvel accroissement aux dépens des os et des chairs auxquels elle est adhérente ; la putréfaction gagne insensiblement les fosses nazales et le cerveau. Les hommes de l'art sont confondus d'un accident aussi extraordinaire, car, chaque fois qu'on veut approcher le bistouri ou les caustiques du *colimaçon syphilitique*, Lasthénie jette des cris affreux, et menace ses opérateurs de s'élancer sur eux.

Le marquis Somorelli n'est guère mieux ; son médecin en désespère ; le genre de maladie est tout-à-fait original et résiste aux remèdes accoutumés. L'avocat, le négociant, le boucher sont également en proie aux ravages contagieux de cette peste, qui les attaque vers les oreilles, vers la bouche, ou dans les parties les plus délicates. Leurs infortunées épouses ne se ressentent que trop de l'inconduite coupable de ces maris ; la mésintelligence, la haine et les reproches les plus scandaleux ont remplacé l'harmonie qui régnait : scènes malheureusement si communes à Paris !.. Tous languissent, frappés du même poison, et une seule femme entretenue cause la désolation de vingt familles, dont elle a altéré la fortune pour premier attentat. Exemples trop fréquens, catastrophes sans cesse renaissantes, et dont la pudeur de ma plume ne me permet pas d'offrir au lecteur un tableau plus énergique, vous n'êtes que trop souvent la cause du malheur des ménages!!!

Lasthénie ne pouvait vivre long-temps dans cet état de souffrance et d'horreur; abandonnée des médecins, n'offrant plus qu'une tête de monstre sur laquelle se promenait un énorme colimaçon bigarré de couleurs vertes et pourpres, elle ne témoignait plus sa douloureuse existence que par un râle convulsif et sépulcral, au bout duquel elle rendit le dernier soupir, après une agonie de quarante-huit heures.

C'est ainsi que le ciel punit les femmes assez audacieuses pour emprunter le masque de la religion dans un but de criminelle galanterie.

———

LES BAVAROISES AU LAIT,

ou

LA CÉLÈBRE

FEMME JAUNE.

Vie de princesse. PROSPÉRITÉ COMPLÈTE DANS LE VICE. *Vieillesse prématurée.* Maladies honteuses.... misère.... mort aux Capucins.

Tout Paris a connu le personnage fameux dont je vais parler. Ce surnom de FEMME JAUNE, que le peuple lui avait donné, est venu de sa manie de n'admettre que la couleur jaune dans sa toilette, son ameublement, ses équipages, sa livrée, et jusqu'aux harnais de ses chevaux; la nuance jonquille la mettait en extâse, et son maître d'hôtel même y conformait la science de ses services, en prodiguant le safran sur la surface de tous les mets. Des rieurs ont prétendu dans le temps, que notre héroïne, ayant, comme toutes ses compagnes, une très-grande passion pour l'or, elle ne pouvait manquer de se complaire à voir sans cesse, sous ses yeux, tout ce qui lui en rappelait la douce image. Ne cherchons pas à analyser son originalité, et faisons connaître de suite sa vie extraordinaire.

OLYMPIE DE CHAMBRONAS, (c'est le nom de guerre que s'était donné notre héroïne), était belle sans contredit; mais, à mon avis, il entrait trop d'énergie et d'*hermaphrodisme* dans sa constitution vigoureuse. Des bras plus nerveux que moëlleusement arrondis;

du poil aux jambes comme un homme ;
les épaules d'un blanc un peu bronzé ;
c'était une véritable Raucourt pour le
développement viril des formes , et sans
la table d'une gorge magnifique, la délicatesse d'une main charmante , et la
petitesse d'un pied mignon , on aurait
cru parler à un superbe adolescent dé-
guisé en femme. Ses yeux noirs et pleins
de feu , qu'un mauvais plaisant appela
une fois , par trivialité , des yeux lubri-
ques , avaient plus de majesté que de
tendresse ; et enfin toute l'expression de
sa figure était impérative. Tel était son
physique que nous ferons encore mieux
connaître par la suite dans ses actions.
Quant au caractère de ses passions , elles
étaient *copieuses,* abondantes , si je
puis hasarder cette idée. Il se ressentait
naturellement de ses vices exaltés et
énergiques. L'obstacle , la moindre attente , la plus légère privation , la fai-

sait entrer en fureur, et plus d'un amant
s'est enfui de sa couche, tremblant de
n'avoir pu suffisamment assouvir une
soif de volupté vraiment inextinguible.
Un soufflet d'Olympie (et elle n'en était
pas avare), devenait pour l'offensé un
souvenir *chaud* , qu'on se rappelait
long-temps. Ses domestiques, ses fem-
mes-de-chambre, connaissaient bien sa
touche, et malheur à celui qui osait ir-
riter ses plus singuliers caprices, car
aussitôt la porcelaine, les chaises, et
tout ce qui lui tombait sous la main,
de voler à la tête de l'imprudent ou de
l'imprudente qui avait eu une opinion
contraire à la sienne. Olympie cependant ne manquait pas d'esprit, de talens d'agrémens; sa famille, de Toulouse, jouait un assez beau rôle dans
la magistrature, et son frère, Maximi-
lien, ayant été envoyé à Paris pour y
étudier en médecine, on put, consé-

quemment, consacrer tous ses soins à
l'éducation de notre personnage ; mais
on fit de vains efforts pour corriger
une nature indomptable ; et du moment qu'on présentait quelque résistance à ses fougueux desirs, un pan-
dour de la Valachie n'était pas plus furieux dans ses menaces, plus ordurier,
plus soldatesque dans ses expressions.
Alors ses narines se gonflaient, ses petites moustaches, (car elle en avait de
très-fines), se hérissaient ; ses yeux,
hors de leur orbite, jetaient des éclairs,
des flammes ; sa poitrine, soulevée
violemment, devenait pourpre ; et soubrette, chasseur, valets, cuisiniers,
négresse, tout fuyait à son approche
furibonde.

La jolie petite femme ! dira le lecteur ; quelle aimable mignardise ! Au
surplus, cœur d'or, vraie générosité de
coquine, et toujours un sentiment de

bienfaisance succédait à un violent
orage ; car elle récompensait largement
ceux qui n'avaient pas eu le pied assez
leste pour échapper à ses emportemens.
« *Mes vivacités*, disait-elle un jour à
table, me coûtent plus de cinq cents
louis par mois, et mes soufflets me
ruinent : au surplus, c'est ma santé ;
quand je me développe bien en fureurs,
je me purge. »

On conçoit que ses gens, vivement
intéressés à étudier tous ses goûts, à
prévenir ses plus légers desirs, guet-
taient, si je puis m'exprimer ainsi,
jusques aux moindres de ses coups-
d'œil, afin de devancer, en quelque
sorte, ses commandemens ; mais la tyrannie, l'arbitraire, se mêlaient trop
souvent de la partie, et il était impossible de prévoir des colères sponta-
nées, la plupart du temps sans motif.

Zoé, sa femme-de-chambre favo-

rite, et qui, conséquemment, l'ap-
prochait le plus, était la seule qui connût à fond le caractère de sa maîtresse; et bonne envers ses camarades,
elle leur avait fait part de toutes ses
subtiles découvertes. Ainsi elle épiait,
à travers les rideaux de son lit à fastueux pilastres, le moment de son réveil; cependant, si madame avait passé
la nuit entre les bras d'un beau garçon, nulle inquiétude, la sérénité,
l'enjouement brillaient sur son visage;
c'était le lever de l'aurore reflétant ses
couleurs de rose sur tous les objets de
la nature; mais si l'*homme*, tellement
nécessaire à l'harmonie de la constitution ardente d'Olympie, n'avait pas
répandu dans sa couche son baume
rafraîchissant, si la nuit enfin avait été
vierge, oh! alors il fallait que tout
le monde se tînt sur ses gardes, comme
menacé d'un houra de cosaques. Zoé,

leste à instruire tous les autres domestiques , avait, à cet égard, ingénieu-
sement choisi des expressions figurées,
qui provenaient de l'imagination même
d'Olympie, afin de les avertir à temps;
car elle seule, dans les scènes les plus
terribles de l'hôtel , avait jusqu'a-
lors; été ménagée tel qu'un lion de Ly-
die, dans ses rugissemens, respecte
encore la main de son maître. Il est
facile de se figurer le tableau : le matin, à dix ou onze heures, Zoé ayant une
clef à elle de l'appartement de sa maîtresse, y pénétrait-elle sur la pointe
des pieds... aussitôt, cuisiniers, jockei,
cocher, marmitons, et tout le per-
sonnel du service , de s'approcher avec
inquiétude des battans de la porte entr'ouverte du salon. Zoé avançait lentement, bien lentement, suivie des regards de ses camarades; quand, au premier coup - d'œil, elle n'apercevait pas

sur un fauteuil des vêtemens masculins, une pelisse, un dolman de colonel de hussards, ou un beau casque de dragons, dans ce cas périlleux Zoé balançait la tête avec inquiétude ; l'horizon nébuleux menaçait d'une tempête ; elle n'osait tirer les rideaux, et revenant sur ses pas : « *Retirez-vous tous ; il n'y a point eu de bavaroise cette nuit !....* » c'était le mot trivial, le signal technique, pour indiquer que le théâtre du plaisir, chez Olympie, n'avait pas été rafraîchi des douces rosées de la volupté..... Zoé seule restait près du lit, et l'œil inquiet, incertain, fixé sur sa belle maîtresse, elle semblait attendre du hasard des conseils sur la conduite qu'il lui restait à tenir.

Un matin, à midi, que Zoé, suivant son habitude, était allée sur la pointe des pieds guetter le moment du réveil de la fougueuse Olympie, et qu'à travers les demi-teintes de jour qui pénétraient à peine dans le réduit d'une alcove embaumée de parfums, elle se plaisait à contempler tant de charmes demi - nus, quelle fut sa surprise en la voyant subjuguée par un songe voluptueux !…. dans l'erreur de son délire, de son amoureux *somnambulisme*, Olympie s'était fortement emparée de son oreiller, et l'étreignant avec énergie d'un bras lascif, elle se figurait, dans ses illusions, y tenir le beau COURVILLE, son amant de prédilection. Sa bouche de rose entr'ouverte, exhalait maints soupirs chimériques, et ses beaux yeux, demi-clos, rêvaient le fantôme du bonheur….. Enfin, bientôt parvenue à ce degré qui réclame toutes les forces de la nature épuisée de ses transports, Olympie se réveille, reconnaît sa co-

mique erreur, entrevoit Zoé qui ne
put s'empêcher de sourire de la plaisante méprise, et bientôt, furieuse de
se croire jouée, elle lance à la tête de sa
soubrette le mannequin de ses voluptueux prestiges. L'oreiller vole sur le
dos de Zoé ; celle-ci de fuir à toutes
jambes : en un clin-d'œil la maison est
en feu ; toutes les sonnettes de faire un
carillon d'enfer ; c'est le palais même
de Phalaris ; les portes d'être ouvertes,
refermées avec violence ; les cordons
de sonnettes d'être brisés dans la sac-
cade des mouvemens, et les cabarets
de porcelaines de voler sous les pas désordonnés de notre Hermione, courant
demi-nue comme une des ombres sanglantes de Shakespaer, à travers ses
vastes appartemens....

Tous les domestiques, rassemblés à
l'office, la consternation peinte sur le
visage, et dans un groupe silencieux,

se demandent de l'œil ce qu'il faut faire; qui osera monter le premier, qui risquera d'essuyer la première bordée?.... personne ne bouge : »Va donc Florinne, dit Zoé à une des femmes, tu es jolie; tu sais bien que tu plais à madame, et qu'à défaut *de mari* tu es souvent devenue une heureuse épouse.... » Il est vrai que Florinne, docile aux goûts ambigus d'Olympie, a quelquefois conjuré l'orage dans une étreinte scandaleuse ; mais cette fois elle tremble comme les autres ; madame a des pistolets; elle est d'une très-grande adresse, et dans un accès redoublé de violence, un malheur est bientôt arrivé..... La terreur régnait donc dans ces lieux faute *d'une bavaroise au lait*, quand un *Tilbury* brillant s'arrête à la porte. Un jeune nègre frappe.... Quel bonheur inespéré ! c'est le beau Courville lui-même, venant, en passant, dire un bonjour à sa belle maîtresse : d'un pied léger il franchit le vestibule, l'escalier, et s'offre en riant à la fulminante Olympie, au moment où celle-ci, armée d'un tabouret, se disposait à descendre à l'office. « Eh bien ! ma toute aimable, qu'avez-vous donc ? mais vous ne sentez donc pas que vous vous faites un mal affreux avec ces enfantillages ? Allons, allons, *charme des yeux*, (c'était son mot favori), venez ça que j'apaise les palpitations de ce sein d'albâtre ;.... que je rende à ces yeux chargés d'étincelles, une douce sérénité. » Courville connaissait bien la cause du mal-aise de notre héroïne : fait à peindre, belle taille de gladiateur, favoris noirs et oreille rosée, petite main et large mollet, poitrine ouverte, taille bien cambrée, et le plus beau nez *à argumens* qui se soit ja-

mais vu parmi les athlètes de Rome...,
c'est ainsi que Courville, aimable voluptueux de la capitale, se présentait aux
connaisseuses de Paris, et justifiait,
depuis quelques années, une réputation vraiment colossale.

On conçoit que la paix, le calme, l'enjouement même, remplacèrent bientôt la colère et l'humeur massacrante
de l'heureuse Olympie : deux bavaroises au lait, et quel lait encore!.....
avaient apaisé ses feux; un bain d'eau
virginale *de la Clochette* (*) avait
purifié les autels; une crème mous-
seuse de pâte divine de Vénus avait
rasséréné son sein et ses plus secrets
appas...... tout se revêtait, dans l'hôtel, des teintes roses et riantes du plaisir, et un déjeûner recherché et ré-

---

(*) Fameux magasin de parfumerie de la rue de
Richelieu.

parateur achevait de former agréablement les dernières scènes de cette
pièce, si tumultueuse dès le premier
acte.

« Je suis un peu vive, n'est-ce pas?
dit Olympie, s'adressant à Zoé, qui
venait d'apporter des fraises et du Bordeaux, mais tu connais bien mon cœur;
aussi, pourquoi venir me railler dans
mon infortune? — Ah! madame.....
— Oui, je t'ai vue te moquant de moi
à travers les rideaux.... — Dites plutôt
que je vous plaignais. — Figure-toi,
Courville, que je lui ai lancé mon
oreiller à la tête; cet oreiller imposteur, c'était toi, Courville, tu as donc
volé sur les épaules de Zoé, ou plutôt
je maudissais le simulacre menteur;
car qui pourra jamais te remplacer dans
mon imagination, dans mes sens amoureux!!!... Tiens, Zoé, ajouta Olympie, en tirant quelques pièces d'or de

sa gibecière, voilà pour le malencontreux oreiller; mon *pituiteux* asthma-
tique ne manquera pas de payer tous
les frais de la guerre. »

Pendant ce dialogue, le fou de Courville s'amusait à considérer, à mesurer
la longueur extraordinaire du bouchon
de la bouteille de Bordeaux; faisait,
à voix basse, des comparaisons : « Ah!
fripon, s'écria d'un air malin Olympie, qui le comprit, tu n'es que trop
fier de tes avantages! »

Le déjeûner terminé, on passa dans
le boudoir, et on prit place sur une
chaise longue : « Je ne suis visible
pour personne, dit Olympie à ses
gens.. — Pas même pour votre gros banquier, madame? demanda Zoé. — Encore moins ; tu répondras que je suis
aux *Jeux-chevaleresques;* et si le petit
avocat, ou le comte italien, M. *Pérqué
Perquoi,* se présente, réponds que j'ai

ma migraine, et que j'ai défendu ma porte. A propos, n'oublie pas que je consigne aussi mon frère, ce grand jeune homme étudiant en médecine : parbleu ! j'ai bien affaire de sa morale et de ses remontrances ! c'est une affaire décidée ; j'ai fait divorce avec toute mon odieuse famille. Croirais-tu, Courville, que mon frère a eu l'indiscrétion de vouloir m'emprunter vingt-cinq louis, pour ses études, m'a-t-il dit ?... Quelle demande dans un moment où il me faut renouveler tous mes chapeaux de chez Le Roi, et à l'approche de Longchamp encore !... C'est pour l'acquisition de livres classiques, m'a-t-il fait observer : des livres classiques, quand il me faut demain, pour aller au nouveau ballet de *Clari*, un baya-dère de mille écus !...

Nos deux amans, livrés commodé-ment aux douceurs d'un affectueux

entretien, se mirent à parcourir toutes
les phases de la métaphysique la plus
subtile de l'amour et des sens. Courville avait des moyens, et fit briller
aux yeux de sa maîtresse attentive,
des idées neuves, des éclairs de pen-
sées qui l'enivraient presqu'autant que
les plus vives extâses du plaisir. Les
charmes de l'esprit ont aussi leur
ivresse, et l'on sait que l'oreille est le
chemin du cœur. Il ne laissa pas de
se permettre de tendres reproches sur
la vivacité de son caractère, qui finirait
par porter atteinte à la beauté, à la délicatesse de ses traits. Quel dommage,
disait Courville, de faire grimacer cette
belle bouche par les contorsions de la
colère !...... — Que veux-tu, cher
amour, telle est l'ardeur de ma constitution, qu'une seule nuit, sevrée du
baume masculin, *tout mon sexe* irrité reflue dans ma tête ; c'est comme

un poison noir qui rembrunit toutes mes facultés intellectuelles : je languis, je brûle, j'éprouve une sorte de fièvre nerveuse; plus de prismes agréables pour mon imagination engourdie; une chasteté de vingt - quatre heures est pour mes sens le plus cruel bourreau de la vie ; et j'ai beau recourir au *suicide* de la volupté, vains efforts ! il est impossible à une femme de prendre le change en amour !... Courville ne manqua pas ici de plaindre le sort d'une foule d'honnêtes épouses, qui, toujours *veuves* dans les bras de leurs froids maris, ne prenaient quelquefois pas une pauvre petite bavaroise dans l'espace d'un semestre !.. Oui, répondait Olympie, mais il est avec l'hymen des accommodemens, et nos femmes de Paris surtout, ne sont pas assez sottes pour rester long-temps dupes dans le désert conjugal. Pour moi,

Courville, je te ferai mes confessions
en vrai *Jean-Jacques* : du moment
que la nature m'apprit, *en traits de
sang*, que j'étais femme, je me livrai
au plaisir en nouvelle Sapho, et j'a-
voue encore que, bien avant ma nubilité, je m'essayai à mes destinées, par
tous les genres de délices *solitaires* :
principes, éducation sévère, morale ri-
goureuse, c'est en vain qu'on chercha
à préserver ma vertu d'un dangereux
avenir; une sève de volupté courait
dans mes veines, et j'étais déjà, dans
l'empire de l'Amour, *la fille du Destin*. Courville, en habile observateur,
expliqua ici à Olympie, toujours curieuse de s'instruire, d'abord les influences climatériques, ensuite celles
du sol méridional, qui, pour elle, née
à Toulouse, avait jeté dans son sang
comme des feux métalliques, ferrugi-
neux et salpétrés. De là il lui déve-

loppa, avec rapidité les secrets du mécanisme de la physiologie animale ; le jeu mystérieux de toutes nos sécrétions qui produisaient l'éclat de nos passions douces ou violentes, suivant qu'elles étaient favorisées ou contrariées ; et se rattachant particulièrement à la sphère tyrannique des desirs de Vénus, il lui apprit comment dans un beau corps parfaitement organisé comme le sien, les privations de l'amour rompaient tous les équilibres, en faisant refluer au cerveau des liqueurs enflammées et surabondantes. Il lui cita les fureurs hystériques d'Andromaque, *les pâles couleurs* dont un grand nombre de jeunes personnes étaient atteintes, et lui prouva de point en point, que Dieu, loin d'imposer aux deux sexes des abstinences monacales, avait voulu constamment les appeler l'un vers l'autre par tous les

moyens d'attraction physiques et mo-
raux. « Cependant rappelle - toi bien
Olympie, termina Courville, que l'art
d'assaisonner les plaisirs, en général,
consiste à en être un peu avare : *s'abs-
tenir pour jouir est la philosophie du
sage et l'épicurisme de la raison.* »
— Ainsi, dit en riant la belle Cham-
boras, tout le secret de la vie roule sur
le salutaire effet d'une bavaroise !....
— Tu l'as dit, Olympie, et les
phrases les plus délicates d'un amant
respectueux, les protestations de tendresse les plus subtiles, tout cela veut
dire en deux mots : *comme moi, jeune
beauté que j'adore, vous serez sensible à une bavaroise....* — J'en suis
bien convaincue depuis long-temps,
reprit notre héroïne : dans mon adolescence, il est vrai, je fus dupe de
quelques tartufes de mœurs, de quelques prudes qui affectaient une vertu

de mots secrètement démentie par leurs actions; mais je sus bientôt pénétrer leur masque; je me convainquis que l'orgueil seul était le soutien ridicule de la majeure partie de leurs actions, et qu'il n'y avait enfin des femmes sages, que parce que les occasions du vice leur manquaient.... *Hypocrisie et apparences,* voilà non - seulement en conduite de femme honnête, mais dans toutes les professions et toutes les situations de la vie, le pivot nécessaire : pour moi, quand je vins à Paris, et que je m'y vis trompée par les roueries perfides de quelques galans fripons à la bonne foi desquels j'avais bonnement cru, je me mis à me donner audience à moi-même, et, un miroir sous les yeux, prenant conseil de mes avantages, loin de m'abandonner à un ridicule découragement, je me montai d'abord, à l'aide *d'une ving-*

taine d'époux successifs, un joli mobilier, dont je devais la moitié de la
valeur. Sachant que l'originalité et l'extraordinaire entrent pour les trois
quarts dans les folies des hommes,
je n'admis que la couleur jaune dans
tout ce qui m'approcha ; bientôt le
vulgaire ne me désigna plus que sous
le titre de FEMME JAUNE; j'eus des
compères gagés pour exalter mes talens
en amour ; les gazetiers parlèrent de
moi à tant par ligne. Les sybilles de la
capitale me prônèrent aux vieillards
comme une enchanteresse qui savait
rendre toutes les illusions, toutes les
forces du jeune âge ; mes bizarreries
galantes acquirent de la célébrité,
et chargée d'or et d'argent, ces puissans moteurs de toutes choses, je fi-
nis par monter ce magnifique hôtel,
dont les tributs de la paillarde vieillesse ont fait tous les frais. Une fois

placée sur ce terrain plus avantageux, je ne manquai pas de me donner *des gens*, un concierge insolent, des valets copistes, qui décourageaient mes créanciers par leur impudence; dans une demeure modeste, on les redoute; ils arrivent à vous de plain-pied et sans obstacle; mais il n'est tel que de trancher du grand seigneur, pour dissiper ces incommodes frelons; une antichambre et un frotteur, le plumeau à la main, et vous les voyez souples et respectueux devant vos fausses promesses. C'est ainsi que va ce monde ridicule, mon cher Courville; les vices *dorés* obtiennent les honneurs et la considération; les vertus modestes et l'indigence, ont le mépris en partage. Je n'ai point balancé dans mon choix. Voyant qu'on s'attirait l'estime publique avec des appartemens bien frottés, et qu'une heureuse

audace nous soumettait le vulgaire im-
bécille, aussitôt je me suis dit : Faisons bien frotter nos appartemens ;
qu'on fasse antichambre chez moi,
et qu'une fastueuse berline *à la Beau-
mont* se voie dans ma cour.—Crois-moi,
mon cher Courville , tels sont les sots,
que, du moment qu'ils ont aperçu un
palefrenier épongeant le vernis d'un
brillant équipage , ou un valet-de-
chambre descendant avec des plateaux
d'argent *qu'on n'a pas payés,* tu les
vois aussitôt monter d'un air soumis et
servile , oser à peine décliner le motif qui les amène devant une orgueil-
leuse bégueule. Quelle plaisante comédie ! j'ai vu, lors du principe de mon
établissement , mes faveurs au plus
bas taux dans une mansarde et, moins
jeune et moins fraîche , j'ai mille fois
centuplé le prix d'une chimère qui
n'a augmenté de valeur que par mon

charlatanisme.... Ce que c'est que la vogue !....

Courville, tout aimable scélérat qu'il était en matière de galanterie, ne laissait pas d'avoir aussi beaucoup d'esprit naturel, il avait fait d'excellentes études. Il lui développa à son tour, dans une philosophie pleine de sagacité, le mécanisme des choses de la vie, et principalement celui de tous ces artifices de nos mœurs qui donnent sans cesse à des objets méprisables un vernis brillant et trompeur. Nos sens seuls, ajouta notre métaphysicien subtil, malgré qu'en dise le pyrrhonien Kante, ne nous induisent jamais en erreur en fait de volupté ; pour le reste, ce n'est que prestiges, valeurs d'opinion, magie faite à la main, hypocrisie ou plus sot fanatisme. La nature est sans cesse immolée, étouffée sous un amas de conventions, et il faut déchirer vingt voiles avant d'en retrouver quelque léger vestige, encore altéré.

Un apologiste aussi chaud de la nature s'imposait à lui-même l'obligation de sacrifier dignement à ses autels; ce n'était pas avec Olympie de *froides carafes d'orgeat* qu'il fallait y répandre : non; et on sait déjà le goût prononcé de la Chambronas. Notre limonadier-galant offrit donc une troisième bavaroise au lait, qui fut savourée avec la plus voluptueuse gourmandise. De là ils allèrent aux *jeux chevaleresques*, parc des Sablons, *courre* quelques bagues en preux-chevaliers. Olympie, en amazone serin, toque à trois plumes jonquille, montée sur un beau coursier soupe-de-lait, harnais en tresses d'or, et conséquemment tout en jaune, y fit admirer son habileté et son adresse à manier un cheval plein de feu; elle parcourut également l'arène en char, et gagna quelques prix par son talent à conduire des chevaux lancés à toute bride. Entre autres personnages de distinction, l'ambassadeur de Perse, malgré les richesses qu'il possédait dans son sérail en beautés des quatre parties du monde, présent aux courses, ne put s'empêcher de se sentir pénétré d'un goût très-vif pour la superbe Olympie. S'étant informé près de son interprète du nom et de la qualité de la belle inconnue, celui-ci, au moyen de quelques pièces d'or données aux gens d'Olympie, put bientôt apprendre à Son Excellence que c'était une charmante houris des harems de la capitale, et que son rang, son haut mérite et son opulence la soumettraient selon son bon plaisir; c'est enfin, lui apprit-on, la célèbre FEMME JAUNE, comme vous voyez, d'une *blancheur éblouissante.* Olympie,

de son côté, n'avait pas laissé d'apercevoir les marques de curiosité flatteuse
qu'avait témoignées à son égard le noble
seigneur persan ; et, habile à ne jamais
laisser échapper aucune occasion d'*affaires*, ses grands yeux fripons avaient
laissé tomber sur le prince asiatique
les expressions des plus douces espérances. Courville était devenu *son frère*
en un instant pour la décence ; il n'est
tel que les femmes entretenues pour en-
jamber lestement les degrés d'une pa-
renté à une autre ; un papa devient
un oncle ; un amant, un cousin ;
une appareilleuse, une tante ; et il
n'y a pas de généalogiste plus habile
qu'elles à Paris, pour se créer de suite
une souche de famille. Assise sous un
petit pavillon turc, Olympie avait demandé des glaces pour se rafraîchir,
et s'était placée de manière à ce que
l'ambassadeur, vis-à-vis d'elle, ne per-

dit pas un seul de ses mouvemens et
de ses coups-d'œil. Le lecteur ne s'éton-
nera' pas de ce sentiment d'ambition
spontanée de sa part ; c'est un morceau
friand pour une aventurière galante ,
qu'une seigneurie persane ; jamais
Olympie n'avait manié d'or d'Ispahan :
« Je voudrais bien, se disait-elle dans ses
vœux secrets, contempler un millier de
tomans !... que ce doit être une chose
jolie que des tomans et des roupies !...(1)
Non, les guinées de la Tamise, les onces
de l'Espagne, les sequins de la Turquie
et les *quadruples* napolitains ne me
sourient pas à l'imagination comme des
tomans d'Ormus ou de Samarcande ;

(*) Pièce d'or de l'Asie et des Indes orientales , qui
vaut quinze écus de notre monnaie. Selon le marquis
d'Argens, on ne dit pas en Perse LA FATIME, LA
ZAÏDE, mais *la cinquante tomans, la cent tomans,*
comme pour réduire le prix de ses charmes à une
valeur métallique.

et puis, je jouerais une sorte de rôle de
sultane favorite ; le mouchoir tombe-
rait à mes pieds ; je verrais à mes genoux un puissant satrape de l'Asie....
Tout cela est vraiment enchanteur, et
nos intrigues vulgaires d'Europe sont
sans sel, sans volupté en comparaison
de ces perspectives magiques. » Cependant, réfléchissons, ajoute Olympie
dans son soliloque rapide : « On dit que
les Asiatiques sont terribles dans leurs
vengeances. » Elle se rappelait avec
amertume le bruit qui avait couru autrefois, qu'une actrice entretenue par
un ambassadeur turc, avait eu le nez et
les oreilles coupés pendant une affreuse
nuit, d'après les ordres de son cruel
amant, pour avoir été convaincue d'in-
fidélité. Ce souvenir n'était rien moins
qu'engageant pour se lancer dans une
intrigue de sérail. « Allons, allons,
point de sottes pusillanimités, concluait

notre ambitieuse; la gloire et la fortune ne marchent pas sans dangers : de la prudence, et je réponds qu'en peu de jours je deviendrai *princesse d'Orient et d'Occident.* »

Tout ce plan se fit avec la rapidité de l'éclair ; les glaces se prenaient, quelques gros barons allemands, trois fournisseurs à ventres énormes, deux banquiers poudrés et un riche milord à visage écarlate, s'étaient insensiblement approchés du *frère et de la sœur;* et en baragoin comique, sous une conversation détournée , annonçaient le desir de souscrire un bail galant de quelques mois. C'est la célèbre *femme jaune,* se disait-on de toutes parts. Le banquier, par exemple, citait une délicieuse maison de campagne embaumée d'un luxe exquis, et qu'il possédait à une portée de pistolet du parc, en ne taisant pas en même temps qu'il

était las de sa petite *Dalila :* « Non pour
ce qu'elle me coûte, ajoutait-il ; c'est
une bagatelle, deux mille écus par
mois ; mais ça n'a pas d'étoffe, et
j'aime singulièrement un caractère prononcé ; il me faut de la vie et du
mouvement. » Le fournisseur, gastro-
nome intrépide, détailla avec orgueil
la somptuosité de sa table, couverte
des productions des quatre parties du
monde ; le millionnaire anglais parlait
de trente vaisseaux qui couraient sur
les mers ; mais tout cela n'était pas la
Perse, et Olympie avait résolu de donner la pomme au satrape de Sardis.
Elle pouvait d'ailleurs espérer d'assez
belles bavaroises au lait : le prince était
bien fait ; il avait une belle physionomie régulière, de la grâce, de l'esprit,
de la délicatesse, et beaucoup d'aménité avec les dames ; à peine âgé de
quarante ans, l'orgueil, le plaisir et

l'intérêt pouvaient justement compter
avec lui sur d'amples moissons ; et puis,
n'avait-il pas le teint un peu *cuivré*,
sa couleur favorite ? C'est donc une
chose définitivement arrêtée dans les
spéculations muettes de notre rouée ;
transfuge décidée, elle épousera l'Asie
en dépit de l'Europe ; elle est singu_
lièrement curieuse , d'ailleurs, de savoir comment on fait l'amour *à l'a-
siatique.*

ALY EFFENDI BALMOR ISKAN TAL-
MADOUR ne parlait pas un mot de
français ; l'interprète seul pouvait faire
connaître ses sentimens pour Olympie.
Ainsi, quand une pantomime expres-
sive de part et d'autre ne suffisait pas
au langage de leur naissante et mutuelle
flamme, le truchement oriental venait
aussitôt, au moyen d'une traduction
officieuse, reproduire dans notre idio-
me les belles figures de rhétorique de

l'illustre étranger. Olympie était tout
oreilles, car elle ne pouvait se figurer
qu'une série de consonnes prononcées
à la *cantonnade*, formassent un sens
et des phrases basés sur des principes.
—Mais tout cela est charmant!.. s'é-
criait elle dans ses accès de folie ; ainsi,
disait-elle à l'interprète, quand Son
Excellence Aly Effendi Balmor Iskan
Talmadour me dit : *Borsoff y sour
talla inclenabadarep*.... cela signifie
que je suis au-dessus des plus belles
perles de l'Orient, et que les étoiles du
firmament sont pâles en comparaison
de l'éclat de mes beaux yeux !...et *Bis-
taca zornaboulisk bastazfremistaki,*
veut dire que je suis charmante?..d'honneur, c'est à ravir, je n'y tiens plus.
Langue divine, quoiqu'un peu bour-
souflée, pourquoi ne suis-je pas née
Georgienne, Circassienne, Memphyti-
que, ou Persane?..... En vérité, sur

ces rives bourgeoises de la Seine, tout se fait platement. Aly Effendi, parmi une infinité de complimens flatteurs, lui proposa de l'emmener à Ispahan ; elle y aurait, lui promettait-il, des nègres, des eunuques pour la servir, un magnifique palanquin pour équipage, et les plus belles étoffes de cachemire pour carreaux et tapis de pied ; ses attraits seraient baignés dans de vastes bassins d'or ; les parfums les plus précieux seraient brûlés à ses pieds ; vingt femmes préviendraient ses moindres desirs, et, au plus léger coup-d'œil, la tête d'un de ses esclaves roulerait sur le parquet, dans des flots de sang, si elle avait lieu de s'en plaindre, et même par caprice, si cela pouvait lui être agréable. Olympie fut d'abord séduite par la première partie de ces offres ; mais au sein de toutes ces merveilles presque fabuleuses, elle n'entrevoyait que captivité, gêne et véritable servitude dans un sérail de voluptés *toujours sous les verroux,* et gardée froidement par des hommes qui ne le sont plus. Ensuite ce despotisme oriental, ce pouvoir absolu qui la ferait régner sur ses gens, lui faisait judicieusement conclure qu'elle verrait sans doute peser sur elle-même dans un ordre hiérarchique le glaive dont elle pourrait frapper ses esclaves. Olympie était vive, emportée, mais point cruelle ; elle voulait bien distribuer par-ci par-là quelques soufflets dans ses appartemens ; mais faire tomber une tête à ses pieds par pure fantaisie... cette monstruosité ne pouvait entrer dans son cœur : aussi, osa-t-elle faire demander à *Effendi* comment on punissait à Ispahan une petite inconstance de la part d'une sultane favorite ?... — En la précipitant vivante, à la manière des anciens Romains, dans un sac avec un singe et un perroquet, et en la jetant à la mer, après l'avoir mutilée dans les parties les plus délicates... — Quelle horreur ! s'écria Olympie en pâlissant, et s'appliquant déjà en imagination le supplice dont on lui peignait l'image. Il est d'autres tourmens plus cruels encore, continua *Effendi*; ce sont ceux du taureau de Phalaris : ce taureau creux et de bronze, s'ouvre par les flancs; on y place l'odalisque prévaricatrice, on l'y enferme, on allume un brasier ardent sous l'animal d'airain, et elle périt dans des tortures affreuses, en faisant exhaler les gémissemens de sa douloureuse agonie par les narines du taureau, qui présentent deux larges ouvertures. Olympie fut curieuse de connaître l'inventeur d'une semblable atrocité : Ce fut, repartit l'interprète,

Phalaris même, autrefois tyran d'Agri-
gente; la jalousie des Asiatiques s'en
est emparée, pour effrayer le beau-
sexe, naturellement très-léger. Que de
taureaux d'airain il faudrait à Paris,
ne put s'empêcher de réfléchir la
Chambronas!... Ainsi, conclut-elle,
la liberté, si précieuse aux Françaises,
ne fait jamais pénétrer ses doux rayons
dans vos caranvansérails?...—Jamais.
—Nos appas n'y sont considérés que
comme une denrée mercantile nécessaire à votre système de polygamie,
ainsi qu'à vos amours purement physiques?... — Absolument. — Allons,
allons, je vois bien, cher Effendi Talmadour, que nous ne traverserons pas
les mers du Bosphore ensemble. Je préfère cent fois les délicieuses licences
parisiennes à vos chaînes d'or; l'air de
la servitude m'est mortel, et je ne
puis accepter votre amour, qu'autant

que vous vous travestirez en chevalier français. Voilà provisoirement mes conditions ; vous serez ensuite le maître de me dicter les vôtres, quand je serai en palanquin sur la route d'Ispahan.

Effendi ne put s'empêcher de sourire à ce discours coquet, et parmi tant de charmes qu'il découvrait dans les grâces piquantes d'Olympie, c'était peut-être ce ton décidé et mutin qui y répandait le plus de sel. En général, l'homme, de telle nation qu'il soit, n'aime pas dans une femme une docilité impassible, qui n'annonce aucun partage de sentimens ; il lui faut en amour l'aiguillon des obstacles, une certaine mutinerie dans le langage ; c'est alors que la volupté se réveille électrisée par mille étincelles.

Quoique Persan, ajouta Aly Effendi, je veux goûter des mœurs françaises dans toute leur liberté, et moi-même, qui possède tant d'esclaves, je n'aspire qu'au bonheur de devenir le vôtre. — Voilà ce qu'on appelle parler galamment; allons, je me décide, et je vous invite à dîner demain, à mon hôtel, rue des Moulins, avec un choix d'amis des deux sexes. Venez sans suite, sans éclat; le vrai plaisir, ennemi du bruit, préfère le silence. Aly Effendi Balmor baisa respectueusement la main d'Olympie, au moment que les autres aspirans s'étaient éloignés, lui glissa au doigt un saphir d'un grand prix, détacha un superbe cachemire de sa ceinture, qu'il jeta sur le bras de notre héroïne, et le pacte fut signé par ce nouveau mode de jeter le mouchoir dont elle avait fait d'ailleurs d'ingénieuses railleries. C'est ainsi que l'illustre voyageur se sépara de sa nouvelle conquête, charmé, de son côté, d'avoir enrichi le butin de ses amours de cette belle acquisition. Deux esclaves s'offrirent pour porter ses mains sur leurs épaules, tandis qu'un autre soutenait sa longue pipe toute garnie de perles et de gros diamans, et que plusieurs personnages de marque, costumés à la persane, tenaient à la main des cuvettes d'or, des essences et des éponges fines, pour la libation et le bain de propreté de Son Excellence lorsqu'elle venait à satisfaire le petit besoin naturel, spectacle assez plaisant que ne peut voir Olympie sans rire à se tordre.

Courville, quand il s'agissait d'intérêts de haut commerce, savait toujours s'éloigner avec une judicieuse discrétion; il ne reparut donc que quand on entendit rouler l'équipage de l'ambassadeur. Suis-je assez heureuse!... lui dit Olympie quand il revint; oui, Courville, je suis la maîtresse de ce beau pacha *à trois queues;*

tu vois que je ne puis manquer de
bavaroises, un *pacha à trois queues!*
je tiens déjà des arrhes de sa munifi-
cence, et elle montra le cachemire,
lien d'amour qui devait l'enchaîner à
Son Excellence, ainsi que le saphir
qu'Effendi lui avait offert, en appe-
lant ce saphir *l'étoile du bonheur.*
Courville avait lu beaucoup de traduc-
tions arabes; ce style à pompeuses mé-
taphores ne l'étonna pas, mais il re-
commanda à Olympie la plus grande
prudence dans ces nouvelles liaisons,
si elle tenait sérieusement à son nez et
à ses oreilles.—Comment, si j'y tiens,
repartit notre héroïne d'un ton ef-
frayé!... Je te réponds qu'il ne me
coupera rien qu'à bonnes enseignes,
et que j'aurai toujours une lame prête
sous mon oreiller, afin de le punir par
la loi du talion, s'il osait me mutiler

à ce point. Sois tranquille, Courville, *oreilles pour oreilles...*

Rentrée chez elle par les Champs-Élysées et le boulevard de la Madeleine, au petit galop de chasse, Olympie donna des ordres à ses gens pour que tout prît une couleur et des mœurs asiatiques dans ses somptueux appartemens ; son tapissier fut mandé ; on fit venir de chez le libraire du passage du Panorama quelques livres et gravures enluminées sur les usages de la Perse : ainsi, soit en fait de meubles, soit en service de table, tout reçut, en peu de temps, la couleur des usages persans ; et enfin la charmante Olympie, vêtue d'une simarre transparente brodée de perles et de paillettes, un croissant de diamans sur le front, ses beaux bras ornés de riches bracelets, son sein d'une rivière de pierreries, à demi-couchée sur des carreaux de velours po..

ron, attendit, dans un boudoir em-
baumé de l'encens de la Mecque, son
souverain et nouveau maître. *Zoé* et
Florinne, de leur côté, avaient reçu
ordre de se costumer en esclaves per-
sanes; et au moment même où, le
lendemain, Aly Effendi se fit annoncer, elles apportèrent, suivant l'usage
asiatique , un réchaud en vermeil ,
chargèrent la pipe de Sa Hautesse
des aromates les plus précieux que
fume le grand-seigneur dans son divan à
Constantinople, servirent des vins de
Chypre, et des liqueurs du plus grand
prix , et mirent dans les mains de
notre habile intrigante une harpe d'or,
sur les cordes de laquelle elle fit
courir ses doigts d'ivoire et de rose
avec une rapidité mélodieuse. La pan-
tomine de notre soudan exprimait le
ravissement; les noms des plus belles

houris de Mahomet vinrent souvent errer sur ses lèvres.

L'amour muet, l'amour qui ne s'exprime qu'en soupirs, n'est nullement obligé de recourir à un truchement; c'est la langue de toutes les nations; et les accens de la volupté n'eurent jamais besoin de grammaire ni de syntaxe. On s'entendit donc parfaitement sans se parler.

De la musique, Sa Hautesse étant parvenue à des communications plus expansives, Olympie restée seule avec l'illustre envoyé, connut enfin les rits d'un mariage oriental, et, à quelques formes près plus ampoulées, plus hyperboliques que naturelles, elle se convainquit que le fond était absolument le même; ainsi, dit-elle quelques jours après au philosophe Courville, sous la simarre ou sous un galant peignoir parisien, avec ou sans la cérémonie de la circoncision, je t'assure, mon cher, que c'est toujours une véritable bavaroise au lait.

Le dîner fut tout-à-fait français, c'est-à-dire très-gai : de joyeux convives des deux sexes, y répandirent les folies, les propos gaillards, les couplets malins; des saillies spirituelles partirent sur les ailes rapides de maints bouchons de Champagne et de Tavel; on se garda bien de parler de politique, ce grand ferment de discorde éternelle; il n'y eut qu'un *côté*, celui du plaisir, et Olympie, dans ce petit comité semi-asiatique, semi-français, fit souvent sourire la gravité persanne à laquelle on traduisait tout avec exactitude. Pleine d'un fol enjouement et d'une piquante audace dans ses manières et ses libertés, Olympie s'amusait à coiffer son beau front d'ivoire du turban de Sa Hautesse; elle osait même porter une main badine sur son poignard, tout brillant de topazes et d'émeraudes, le plaçait à sa ceinture près de son sein demi-nu, mettait à la place un éventail pailleté dans les draperies du Persan; ceignait même sa taille élégante de son superbe damas, donnait en échange son ombrelle à l'ambassadeur; puis, le sabre à la main, elle parcourait la salle d'un air belliqueux, menaçait de faire sauter les têtes *de ces chiens de chrétiens*, ou de leur envoyer le fatal lacet; ensuite, lasse de toutes ces espiégleries, elle se laissait aller mollement dans les bras de Son Excellence, qui ne pouvait garder son sérieux, et laissait tresser sa longue barbe par les doigts mignons de cette charmante étourdie. Ainsi, ce puissant Emir qui avait conduit souvent des armées victorieuses sur les rives de l'Euphrate, *se* prêtait ici aux jeux voluptueux d'une aimable et enfantine Phryné !

Sa Hautesse se retira fort tard ; l'adieu oriental fut donné une dernière fois sur les carreaux de velours potiron, et Olympie fut *de bonne foi* dans ses transports, ce qui, certes, n'est pas commun dans une femme entretenue.

L'équipage de l'ambassadeur roulait déjà depuis quelques minutes, que notre astucieuse, fixée sur son sopha, considérait tout ce qui venait de se passer comme un songe brillant : Cependant, se disait-elle, jusqu'ici point de très-grandes magnificences de la part d'Aly Effendi Talmadour ; allons, patience : probablement, l'aimable interprète viendra demain matin m'apporter les épingles de noce. Enfin, le matin, de bonne heure, le truchement descendit, en effet, de voiture, avec deux nègres qui portaient un *sultan* magnifique de chez *Dulac* ; des parures, des pierreries, des perles, des bijoux du plus grand prix y éblouissaient la vue ; et dans un nécessaire de la Chine, orné des plus belles peintures sur émail, étaient vingt rouleaux de cinquante tomans chaque, enveloppés dans du papier de soie : quelques raretés de l'Asie, comme élixirs, crèmes, essences pour la conservation de la beauté et de la peau, s'y trouvaient également dans des flacons de cristal. A cet aspect séduisant, Olympie ne put résister à une sorte d'ivresse. Sa célébrité acquit par ces liaisons un degré extraordinaire, et la folle-enchère étant mise sur ses attraits, il était notoire chez les grands et dans tous les foyers de théâtres, ainsi qu'à la bourse de Vénus, qu'on ne pouvait plus se donner la Chambronas, à moins

de VINGT-CINQ MILLE FRANCS par
nuit.... encore fallait-il bien prendre
garde aux poignards de la jalousie asiatique. Courville seul et quelques *con-
serve-santés*, ainsi que les appelait fol-
lement Olympie, maintenaient l'heureux équilibre de ses passions; aussi
était-elle d'une humeur charmante;
plus de colère, d'emportemens envers
ses gens.

Le matin, après la scène obligée du
lavement lénitif à la crême édulcorée,
(petit cérémonial hydraulique que les
femmes entretenues appellent vulgairement *le bouillon pointu*); après,
dis-je, la macération de pâtes divines
de Macassar, et le dépouillement des
gants-gras, venait une heureuse selle
anodine, augure certain chez toutes
les petites-maîtresses, d'une riante journée. Car ainsi que l'a fort bien dit
Voltaire, « Ne postulez jamais rien

auprès d'un ministre ou d'une femme galante en crédit, sans préalablement vous informer près du valet ou de la femme-de-chambre s'il a ou elle a poussé une bonne selle. Ce premier acte de la matinée décide des destinées de la journée entière ». Molière l'affirme encore. Il faut donc un heureux concours de bien des choses, pour établir une harmonie complète dans la personne d'une scandaleuse *catin!*...

Le cadre étroit dans lequel nous devons nous renfermer à chaque tableau, nous oblige d'abréger ici les détails du commerce galant qu'il y eut entre Sa Hautesse et Olympie. Sa maison était devenue l'hôtel même des monnaies, par la quantité d'or de toutes les nations et de toute effigie qu'elle amoncelait dans ses coffres; et l'autel de Cypris s'était absolument transformé chez elle en un bureau de change. Ce sérail de notre ambassadeur n'avait pas ici d'eunuques surveillans; les larcins y pénétraient de tous côtés, ce qui grossissait le torrent du Pactole par mille sources. Cependant, il n'est point d'immenses richesses qu'on ne puisse perdre avec la rapidité de l'éclair; l'histoire de Cyrus, un des plus puissans princes d'Asie, en est une preuve mémorable. Aly Effendi vint à partir; Courville, gourmand, joueur insatiable, vraie sangsue dévorante leva des contributions énormes sur les trésors d'Olympie, et lui fit payer *ses bavaroises au lait* au poids du diamant. Le gaspillage affreux qui régnait dans toutes les parties de l'administration de l'hôtel, la casse des porcelaines coûteuses du Japon, ensuite les grisettes, depuis le maître-d'hôtel jusqu'au plus mince marmiton, entretenues aux dépens de notre héroïne, puis une cave pillée de fond en comble, et pour surcroît de fléau, un intendant en habit noir qui avait carte-blanche pour l'organisation des bals de ville, des fêtes champêtres et feux d'artifice ; certes, en voilà assez, je pense, pour couler bas un millionnaire. La balance du passif enfin emportait celle de l'actif ; et l'opulente Olympie, qui long-temps avait dédaigné de riches négocians, ne voulant pas se mésallier avec la roture, criblée de dettes sous ses lambris dorés, voyait chaque matin son antichambre assaillie de noirs corbeaux qui ne lui parlaient que saisie, et prise-de-corps... La pauvre Olympie!... elle a fait un saut immense de son tarif de VINGT-CINQ MILLE FRANCS par nuit!... elle a, dis-je, en très-peu de temps, transigé avec *vingt-cinq louis*. Mais, par une fatalité bizarre, plus elle se montre prodigue de ses fa-

veurs, moins elle les voit briguer.
Voilà les hommes : tournez-leur le dos,
ils volent en esclaves sur vos traces ;
portez-leur la coupe du plaisir aux
lèvres, ils la rejettent comme affadis
de l'odeur d'un bouton de rose sans
épines. Bref, le désastre avait été complet, l'hôtel envahi par maints créanciers, et Olympie, qui avait fui sous
le nouveau nom de Madame de Sélicourt, après avoir réalisé la valeur de
quelques gros diamans, provenant de la
magnificence de Aly Effendi Talmadour, s'est monté un mobilier décent,
et une *pension bourgeoise,* rue des
Colonnes, composée d'hommes distin-
gués, à 4 fr. par repas, qui, désormais,
forment autour d'elle une espèce de
cour galante. Madame Perronays, la
Saint-Mézan, jolie blonde à la mode, et
quelques marquises ruinées, venaient
orner la table de leur présence. Olym-

pie a de l'aplomb, cause bien ; *le sceptre de la cuillère à soupe* lui sied à merveille ; il lui donne l'occasion de déployer toutes les beautés d'un bras d'albâtre. Que sait-on ? il ne faut qu'une *série* à un joueur pour remonter ses affaires, il ne faut aussi qu'un bon banquier hollandais pour rétablir celles de la Sélicourt. Olympie a d'ailleurs une philosophie qui va jusqu'au stoïcisme, et pour rendre le sérail plus attrayant, Zoé et Florinne, jolies créatures, sont devenues sur ce nouveau théâtre *ses chères cousines ;* sans fortune et sans orgueil, après avoir perdu leur père dans la retraite de Moscou, elles ont dépouillé toute fierté, et mettent, comme on dit, la main à la pâte. Courville, lui, s'est chargé d'organiser, après le dîner, les tables de jeu ; et les convives ont à peine le dernier morceau dans la bouche, qu'on le voit aussitôt déployer en éventail un jeu de cartes, et proposer un *écarté*. C'ést là encore une des meilleures éponges à presser dans les spéculations d'une intrigante ; Courville d'ailleurs sait bien corriger la fortune, quand elle se montre trop cruelle. Il n'y a pas de doute que, pour gagner, il ne s'agit que de se faire un beau jeu. Olympie l'aide par fois dans cet *inno-cent* manége ; et quand les *bavaroises au lait* ne peuvent pas mettre la nape, quand les *passes* de plusieurs jolis cabinets à lits, munis d'un *lavabo* et d'une serviette, administrés par une soubrette intelligente, ne suffisent pas pour soutenir une maison aussi lourde, un jeu de cartes préparées et bien filées tirent tout le monde d'embarras, et le *cul du chandelier,* caisse pré-cieuse de tous tripots, amenait en-core l'eau au moulin. Il n'est tel que

les personnes d'esprit pour ne connaître aucun obstacle. Malheureusement
la police, qui a la désobligeante habitude de porter ses regards sur tout,
prit pour de l'indélicatesse et de l'escroquerie l'association purement philosophique de notre duo industrieux.
Courville fut conduit un beau soir à la
Force, sans avoir le temps de vider
ses poches remplies d'*as*, de *dix* et de
rois. Il eut beau protester que c'était
par hasard, on eut la malignité d'y
voir une intention malhonnête, et on
trouva mauvais, voyez la dureté, qu'il
eût dans ses poches une provision de
rois, d'as et de dix. Quelle injustice!
de son côté, Olympie ayant lassé son
étoile, avait fait encore un saut plus
singulier; car, de vingt-cinq louis,
prix courant de ses nuits, *écus de
France*, elle avait passé à *vingt-cinq
francs*, et faisait encore là-dessus

une remise de cinquante pour cent; quelle transition !.... la concurrence des articles est si grande dans cette partie !... et pour comble d'infortune, un escroc, successeur de Courville, vrai pilier de pharaon, avait mêlé un poison syphilitique dans ses *bavaroises*, puis était disparu un beau matin, avec le panier de toute l'argenterie de la pension bourgeoise, au moment même où l'on allait se mettre à table...

Dans cet état de détresse, il faut renoncer au sceptre de la cuillère à soupe, aux ressources équivoques de *l'écarté :* pour surcroît de malheur, la bavaroise empoisonnée fait des progrès aussi rapides qu'effrayans. Zoé et Florinne, nos deux cousines postiches, achevèrent de dépouiller leur fausse parente, et laissent sur un grabat une princesse de pension bourgeoise, qui naguère avait foulé l'édredon le plus somptueux. Déjà la gangrène circule sourdement dans des foyers secrets ; la chaleur était extrême alors, et l'odeur infecte qu'exhalaient les plaies virulentes d'Olympie ne permettaient plus de l'approcher qu'en surmontant la plus pénible répugnance. Le médecin qui la soigne déclare qu'il n'y a point un instant à perdre, que les vers pullulent déjà dans les chairs, et que l'opération ne peut être retardée d'un instant. Il faut donc se déterminer au *Voyage sentimental de Nancy* (1) ; car penser *à se blanchir* dans une circonstance aussi grave, serait exposer ses jours. Olympie est donc le soir même conduite dans un fiacre au fameux lazareth de Vénus ; et de toutes

____

(1) Manière figurée de s'exprimer des femmes galantes, quand elles vont à l'hospice des Capucins, rue Saint-Jacques.

parts entourée de nombreuses victimes de la débauche, elle ne voit sous des vêtemens grossiers et peu favorables à la beauté, que des visages pâles, creux, défaits, des membres décharnés, des seins dégoûtans dont des frictions métalliques ont altéré la blancheur et l'embonpoint. Partout, partout, des gémissemens, des cris sourds et plaintifs arrachés par la douleur aiguë : celle-ci, (et c'est celle étendue à demi nue dans le lit voisin), a le nez en putréfaction complète ; les narines, les fosses nasales même sont attaquées, tuméfiées, et une fontaine d'humeurs corrosives lui ronge à chaque moment les os, en menaçant de gagner le palais et tous les parois de la bouche. Cette autre ayant imité les excès de Gomorrhe, confond les praticiens de l'horreur de ses plaies nouvelles qui dénoncent des vices nouveaux, et cette salle d'infa-

mie offre enfin un exemple épouvan-
table du libertinage, qui a lui-même
dressé l'échafaud de ses supplices et
creusé sa propre tombe...

Olympie, à cet affreux tableau, voit
s'évanouir toute son énergie; son extrême faiblesse de corps et d'esprit
ne lui présente plus les objets qu'à travers des ombres sépulcrales et douloureuses; son cœur s'entr'ouvre à la vérité, mais elle a déjà un pied dans
l'abîme : placée sur une table mate-
lassée, deux aides font provisoirement
la visite de son état, et, après l'avoir
examinée, ils balancent la tête, en
fronçant le sourcil, et l'instruisent
qu'elle doit se résigner à une opération très-délicate. Le chirurgien-major sous les yeux duquel on met tous
les soirs la feuille du mouvement d'entrée et de sortie, la parcourt tout en
faisant sa partie d'échecs; le nom de

Julie Sélicourt inscrite parmi les nouvelles arrivées, et le genre extraordinaire de maladie portée à la colonne sous le nom de FOURMILLIÈRE VÉNÉRIENNE, attire particulièrement ses regards; puis cette note effrayante écrite de la main du premier chirurgien de visite : PERYNÉE PUTRÉFIÉ, *ragades extérieures et intérieures, condylome squirrheux,* fixent davantage son attention. Le cas était aussi grave que rare; enfin il assigne pour le lendemain, huit heures précises du matin, l'opération, en distribuant les rôles des élèves et des différens aides qui devaient l'y seconder, soit en tenant les instrumens, soit en obviant aux hémorragies.

On peut juger de la terreur qu'éprouvait Olympie; les présages funestes qu'elle avait déjà lus dans la figure des élèves qui l'avaient parcourue des pieds à la tête, (eux qui, d'ailleurs, habitués à tant d'excès de ce genre, devaient être blasés sur toute espèce d'impressions), lui annonçaient une catastrophe horrible dont sa personne allait devenir infailliblement le douloureux plastron. La nuit lui parut un siècle; enfin sept heures trois quarts sonnent à l'horloge de l'hôpital, et les instrumens de ses tortures se préparent..... Transportée dans une salle d'amphithéâtre en gradins couverts d'étudians et de jeunes praticiens avides de science et de nouveautés, attachée aux poignets, aux chevilles des pieds sur un lit mécanique, Olympie, la belle Olympie, naguères l'amour de la nature, pouvant rivaliser avec toutes les beautés les plus célèbres de la capitale, n'est plus qu'un objet d'horreur et de pitié, seulement utile encore aux progrès de l'art auquel sa personne va être froidement sacrifiée...

Le plus profond silence règne ; les aides sont à leur poste, pénétrés d'un secret respect pour le talent de leur chef, qui va ici, plus que jamais, faire admirer sa dextérité; le bistouri effrayant, la lancette en trois quarts, le scalpel tranchant et la sonde aiguë sont méthodiquement disposés sur une table ; on y voit encore des spatules, des poinçons garnis d'éponges fines, de la charpie, des bandes, des compresses, des soies à ligatures, un tourniquet anglais, de l'alkali et la terrible pierre infernale pour les cautérisations.

A-présent encore, déhontées, Messalines audacieuses qui bravez dans vos succès trompeurs l'avenir de vos justes châtimens, venez contempler ce spectacle que j'ai vu, oui, vu de mes propres yeux !... et retournez, si vous l'osez, au théâtre scandaleux de vos vices!!!... Mais vous, jeunes beautés inexpérimentées, épouses imprudentes, seulement entraînées dans une première erreur, et qui d'un pied timide ne faites encore que vous essayer aux écueils perfides de la galanterie, retournez en arrière à ma voix, rejetez avec indignation, avec horreur, les plaisirs éphémères d'une voluptueuse paresse, et pour quelques vains clinquans de parure, n'allez pas sacrifier l'honneur, le bonheur entier de la vie. Le travail seul et la vertu, voilà les véritables sources de la félicité.

Enfin, M. Granger, chirurgien-major, est annoncé; il salue froidement le public, et portant ses regards sur les plaies plus que sur la physionomie de la patiente, il dispose les appareils et donne tous ses ordres par des coups d'œil : Olympie, les yeux noyés de larmes, et couverts des nuages de la douleur, distingue à peine les personnes et les objets ; la mort lui semble planer déjà sur sa tête, et envelopper tous ses sens dans de sombres voiles : à ses yeux, à son imagination terrorifiée, ce sont des bourreaux qui l'entourent, et son sang va couler en expiation de ses fautes. — Déjà, dis-je, un scalpel d'acier rougit sa lame des premières atteintes... le célèbre Granger, insensible par humanité même, se rend sourd aux cris perçans de l'infortunée, afin de ne rien perdre de la fermeté de sa main ; mais un aide n'étant pas venu le seconder à temps dans l'amputation des ragades, il lui échappa quelques expressions de reproches pleines de vivacité, et dont il ne fut pas maître. A cette voix qui n'est pas étrangère, à ces accens que la nature, que la voix du sang reconnaît confusément, la patiente, malgré le voile de ses souffrances inouies, jette un coup-d'œil sur le courageux opérateur...., Grand Dieu! quelle combinaison bizarre d'événemens!... quel concours fatal!.... cet homme habile qui s'est acquis une si grande réputation par la force seule de son génie, qui, en peu d'années, s'est mis sur les rangs des plus grands praticiens... cet homme enfin qu'Olympie a repoussé à plusieurs époques de ses affections, dans le temps de ses prospérités, est son frère.... et notre héroïne a prononcé son nom en s'évanouissant!!!.... Le lecteur se rappellera de suite, ce frère toujours éconduit autrefois dans ses visites à notre célèbre Laïs, du temps de ses grandeurs.

Qu'on se figure, s'il est possible, tout l'effet d'une scène aussi dramatique, la confusion, la tendresse, la surprise, l'horreur peintes sur le visage de Granger ; puis le trouble soudain qui se répand dans la salle , dans l'esprit des élèves, qui, oubliant leurs importantes fonctions, ne songent pas à prémunir l'opérée d'une hémorragie mortelle!!...— M. Granger lui-même a perdu la tête; sa main est agitée , tremblante, depuis qu'il a reconnu en effet les traits défigurés de sa coupable sœur : des larmes roulent dans ses yeux; c'est sa sœur enfin , et le premier élan d'un bon cœur ne connaît point de récriminations dans un moment si terrible. Un combat étrange se livre dans son ame éperdue entre la nature et l'amour de l'art; il faut qu'il redevienne cruel par excès même de sensibilité..., mais, inutiles efforts! la sueur ruisselle sur son front, un nuage épais couvre ses yeux, tous ses sens sont effrayés; et cette main si habile,

si familière avec tous les secrets de
l'anatomie, ne fait plus que porter des
coups mortels dans le siége de la vie.
Un chirurgien renommé veut le remplacer.... hélas! à quoi servaient ces
tentatives! Olympie, le front déjà couvert des ombres du trépas, a obtenu
du ciel le secours d'une profonde lé-
thargie, celle de ses forces épuisées;
et quand un nouvel acier vint la ré-
veiller de ce terrible repos, en lui
arrachant un cri, ce fut le dernier
qu'elle jeta, en prononçant pour la
dernière fois le nom de son frère.
Toute la salle répéta comme un écho
douloureux ce même cri effrayant, et
chaque personnage de cette assemblée
consternée sentit également au fond
de son cœur la pointe de l'acier qui
avait terminé les jours d'Olympie...

Plongé dans la plus grande tristesse,
M. Granger parut quelque temps incon-

solable d'un événement si terrible ; sa philosophie expirait et ne pouvait résister aux émotions fraternelles ; il allait jusqu'à imputer à sa maladresse la mort de sa sœur, et dans ses regrets douloureux, se jugeait comme son bourreau. C'est au milieu de ces tumultueux sentimens que, pour les adoucir, il fit ériger à ses frais un superbe tombeau dans le cimetière du Père la Chaise, en y faisant graver cette touchante inscription :

« Olympie, l'infortunée Olympie, a trop souffert, pour n'être pas heureuse dans le sein d'un Dieu qui pardonne. »

Le temps finit par changer en une douce mélancolie l'amertume de ses chagrins ; c'est le destin ordinaire de la plupart de nos affections : et quand M. Granger remarquait dans la société quelque femme séduite par les prestiges de la galanterie, il lui racontait sous d'autres noms l'histoire fatale D'OLYMPIE DE CHAMBRONAS. Puisse-t-elle produire un salutaire effet sur l'esprit de nos lecteurs, et surtout sur le cœur égaré de certaines de nos lectrices!...

ANGÉLIQUE,

LA PAYSANNE PARVENUE DU JOUR ;

OU

LES BIZARRERIES

DE LA DESTINÉE.

Elévation et dégradation infaillibles chez les FEMMES ENTRETENUES. Cachemires, perles, diadémes ; puis l'indienne, les guenilles, un chenil..., et la fange.

Avec un seul tour de roue du char de la capricieuse déesse, l'aveugle Fortune, nous parvenons au sommet des brillantes vanités de ce monde ; avec un seul billet donné des quatrièmes loges de l'Opéra, puis un billet de loterie, Angélique fit un chemin immense. De même un léger filet d'eau, à peine aperçu sous l'herbe, devient un fleuve majestueux : d'abord il sort, en rampant, d'un terrain marécageux, ensuite il se creuse un lit profond à travers de vastes et superbes contrées. Tout dépend donc de la première impulsion donnée à nos destinées. Qu'importe que nous soyons nés sous le chaume, sous la toiture d'une obscure mansarde, si la nature nous a avantagés de tous les dons qui mènent au grand? Une seule étincelle de génie, quelques grains de finesse et un minois charmant, en voilà assez dans une femme pour la faire pénétrer jusque dans le boudoir d'un prince. N'a-t-elle pas, d'ailleurs, toujours avec elle ce bijou irrésistible, ce talisman vainqueur de tous les rangs, devant lequel les héros

ne sont plus que des amans vulgaires?...
je veux dire la ceinture de Vénus, qui
dispense des chaînes aux mortels les
plus orgueilleux !... La magie de ce ca-
ducée est telle , que les plus grands
conquérans s'en laissent désarmer, et
Alexandre - le - Grand n'est plus qu'un
homme vis-à-vis de la belle Cléopâtre.

Ces réflexions, nées naturellement
du sujet que je vais traiter, dissiperont
dans l'esprit de certains lecteurs le sentiment d'incrédulité qu'ils pourraient
opposer avec quelque raison aux récits
que nous allons mettre sous leurs yeux
touchant la belle Angélique.

Notre héroïne avait reçu le jour sur
une terre réputée pour voir produire
un très-beau sang, le pays de Caux.
Loin donc de démentir son illustre
origine, ses premiers pas dans l'enfance même, annoncèrent une beauté
parfaite, qui ferait le plus bel orne-

ment des foires de Caen, de Guibrai et Baïeux. Sa mère, veuve fort pauvre, se soutenait à peine du produit de sa quenouille et de ses fuseaux. Lorsque Angélique fut donc en âge de pouvoir faire paître toute seule des moutons et des chèvres, on lui en confia une certaine quantité, et les fermiers propriétaires de ces bestiaux, lui en payaient une légère rétribution. Nouvelle bergère des Alpes, elle s'attirait insensiblement les regards de tous les villageois; et, malgré le désavantage d'une parure grossière, aucun homme n'aperçut, sous son chapeau de paille, ses grands yeux noirs, ses longues paupières, sans un sentiment secret d'admiration. Cependant, comme elle ne possédait absolument rien, l'éloge se changeait en mépris; et, si des desirs naissaient, ils ne marchaient jamais sans l'espérance de corrompre promptement cette beauté indigente. Ce furent aussi les sentimens qu'elle inspira au cheva-lier de Beaumirel, frondeur volup-tueux, *fashionable* brillant, petit cy-nique à la mode, et qui, ayant achevé ses études à Paris, était rentré au châ-teau près la comtesse sa mère. Cette an-cienne châtellenie dominait le village de Varanges, dans lequel était née la charmante Angélique. Il n'est donc pas étonnant que le chevalier connût bien-tôt qu'il possédait un trésor dans ses do-maines, trésor dont son libertinage pour-rait faire une facile proie. La chasse lui fournit l'occasion d'adresser à la jolie paysanne quelques discours flatteurs. Angélique, qui, jusqu'alors, avait résisté à tous les propos suborneurs, à toutes les fleurettes des coqs du vil-lage, ne vit pas sans émotion un *gros monsieur* déposer près d'elle l'orgueil de sa naissance, de son rang, de sa fortune, et le germe secret d'ambition qu'on avait toujours remarqué dans son caractère, fit alors des progrès rapides dans son esprit. Angélique, d'un autre côté, avait été quelquefois porter ses œufs frais à la ville; *les belles dames* qu'elle y avait remarquées, avaient fait fermenter sa jeune cervelle; et enfin l'amour de la parure et la passion de briller avaient fait bien plus d'impression sur son esprit, que tous les sermons de monsieur le curé. De cette disposition au vice, la distance est bientôt franchie; et si Angélique n'écouta pas les propositions séduisantes du chevalier de Beaumirel, ce ne fut pas par vertu (nous ne pouvons lui faire honneur de ce sentiment), mais par l'effet d'une circonstance que nous allons faire connaître.

Angélique étant allée un matin porter ses œufs frais et sa crême au château,

la comtesse de Beaumirel l'aperçut de
son balcon, et fut frappée de sa figure :
quoique femme, et encore belle, elle
n'éprouvait pas cette basse jalousie
qu'en général les femmes se portent
entre elles : elle lui fait signe, l'interroge sur son état, sa situation ; et ap-
prenant qu'elle est plongée dans la
plus grande pauvreté, elle lui offre de
la placer femme-de-chambre à Paris,
à son premier voyage. On s'imagine
bien qu'Angélique, ravie, est loin de
refuser. La comtesse, d'ailleurs, a promis de prendre soin de sa mère ; elle
la placera peut-être bien aussi portière
dans son hôtel du faubourg Saint-Ger-
main. Voilà donc un plan enchanteur
pour l'imagination ambitieuse de notre
héroïne. Elle va voir Paris, dont on lui
a conté tant de merveilles ; elle ira dans
le carrosse même de la comtesse, et par-
tira avec son habit des dimanches.....

II.   17

Quelle perspective ravissante pour une paysanne de quinze ans !

Au milieu de ce projet, le chevalier, enchanté de la marge que cet événement favorable donnerait au succès de son petit complot galant, approuva sa mère en tous points. Sous le prétexte spécieux de la louer d'une bonne action, il pressa le départ, donna quelques pièces d'or à la bonne Mathurine, la mère d'Angélique, afin qu'elle ne vînt pas retarder l'exécution du plan en question, et Angélique enfin est sur la route de Rouen côtes à côtes avec la comtesse, dans une berline de voyage attelée de quatre chevaux, ayant à ses pieds un petit coffre de bois carré, peint grossièrement en ramages et en oiseaux rouges, noirs et bleus, et qui contient toute sa garde-robe rustique. Chaque maître de poste, en changeant les chevaux de madame la comtesse, ne laissait pas de se dire tout bas, en regardant notre héroïne : *Parbleu, voilà un morceau friand, et qui sera bientôt croqué dans la capitale !* En effet, Angélique était toute charmante, et la richesse d'un superbe bonnet à la cauchoise, chargé de broderies et de dentelles, et dont le chevalier lui avait fait présent à son passage à Caen, rehaussait singulièrement les lis et les roses qui composaient le teint éclatant d'Angélique.

On entre dans Paris; notre héroïne est ivre d'abord de tout ce qu'elle y voit. Ce mélange de luxe et de misère confond toutes ses idées : elle ne conçoit pas comment tant de choses mobiles peuvent se croiser sans se détruire. Elle admire les brillans équipages dans lesquels elle remarque avec envie des femmes couvertes de pierreries et de riches vêtemens. La comtesse jouit à chaque instant de ses questions, de sa surprise; elle a soin de lui apprendre que beaucoup d'intrigantes sans pudeur se mêlent avec des femmes de mérite; mais cependant que le public judicieux ne confond jamais une dame de qualité avec ces femmes entretenues et perdues d'honneur. Angélique, avide d'apprendre, se fait expliquer ce que c'est qu'une femme entretenue. Madame de Beaumircl la satisfait en lui répondant que c'est un être dépravé, infâme, affreux, qui ne peut même offrir l'excuse d'une tendre erreur, d'une chute provoquée par l'amour; que c'est une femme enfin qui, spéculant froidement sur ses attraits naturels, en fait un commerce scandaleux, et fait de sa personne un comptoir mercantile, dont la fourberie et la cupidité tiennent les balances. Ainsi, repartit Angélique avec une joie pleine d'énergie, à Paris, il suffira d'être jeune et belle pour faire fortune?... Pas toujours, reprit madame de Beaumirel ; il faut encore une certaine astuce, un certain calcul ; savoir faire taire la voix du cœur, pour ne laisser parler que celle de l'intérêt ; mais cette matière, Angélique, est trop forte, heureusement, pour ton innocence, et je ne sais vraiment par quelle irréflexion je m'y suis moi-même tellement engagée. Il n'en fallait pas davantage pour la pénétration très-vive d'Angélique. *Jeune et belle*, tels étaient donc les deux grands points fondamentaux, la panacée universelle pour une femme qui voulait faire un chemin rapide, au préjudice de ses propres sentimens et de son honneur ; et ce dernier point lui avait toujours paru très-futile. Quant à ses sentimens, elle s'y livrerait, se dit-elle tout bas, lorsque la fortune aurait eu son premier hommage. Ainsi raisonnait une enfant de seize ans, qui cependant n'avait eu qu'une éducation pastorale, et avait su à peine lire couramment son catéchisme!... Nous verrons bientôt Angélique prendre un essor plus étonnant, et laisser ses observateurs confondus d'une intrépidité et d'une prospérité si extraordinaires dans la carrière de la galanterie. On aurait pu lui appliquer ces vers :

A deux fois mes pareils ne se font pas connaître :
Mon premier coup d'essai devient un coup de maître.

Attentive à épier, à écouter les moindres conversations de toutes les élégantes mijaurées qui venaient le matin causer avec sa maîtresse, elle s'en composait en quelque sorte un thême, le traduisait dans sa langue, en tirait des inductions, et en concluait en général que l'amour, la parure, la coquetterie, les intrigues galantes et le front docile des pauvres maris, étaient les champs féconds et commodes sur lesquels moissonnait le beau sexe de la capitale ; qu'un amant, un chapeau rose, des plumes d'Ardus, un cachemire, un fichu de dentelle noire et une robe de tulle brodée, étaient encore les idoles universellement adorées par le peuple féminin, et que, hors de ces brillans hochets, tout languissait dans l'ennui, l'obscurité et la tristesse. C'est aussi de ce moment qu'Angélique prit la résolution d'endosser l'uniforme de la galanterie, et de s'asseoir un jour au premier rang des femmes stipendiées par l'amour, rang où son miroir lui disait chaque matin qu'elle ne pouvait manquer de parvenir.

Le chevalier, cependant, redoublait d'attentions, de soins, d'ardeur, pour conquérir un trésor virginal qui avait fleuri sur ses domaines, et qui lui paraissait à ce titre, tel que son gibier, un fief féodal digne de toute la tyrannie ridicule qu'on exerçait dans le temps du droit de cuissage et de jambage (*). Angélique n'en jugeait pas ainsi, et, sans avoir lu de livres philosophiques, elle ne laissait pas d'avoir sa philosophie à elle. L'amour ou l'intérêt, s'était-elle dit, ont seuls droit à mes prémices : qui l'emportera?... L'amour, sans contredit, est bien séduisant, mais je n'en ai pas pour le chevalier; l'intérêt donc sera vainqueur; que le chevalier m'entretienne,

___

(1) Ce droit, comme droit du seigneur, consistait, dans ces beaux siècles, à étendre la jambe dans le lit de la jeune mariée, *le mari absent...* On conçoit jusqu'à quel point scandaleux pouvait dégénérer la licence tyrannique d'un noble impérieux sur une fille qui redoutait, avec raison, que ce *sultan de village* ne lui fît un mauvais parti, si elle s'opposait à son despotisme honteux.

me monte une maison, et je l'aimerai; oh! je l'aimerai.... comme on
aime à Paris. M. de Beaumirel fut
donc fort surpris de trouver tant de
vertu, ou plutôt de calcul, là où il
avait espéré une conquête facile; se
ruiner pour une petite paysanne n'é-
tait pas du tout de son goût, d'autant
plus que la comtesse, sa mère, lui
tenait la dragée extrêmement haute
quant aux espèces, et qu'il lui aurait
été impossible de subvenir à l'entretien ruineux d'une concubine. Il mou-
rait donc de dépit, et aurait voulu
pouvoir plonger dans un cachot celle
qu'il avait tirée de sa chaumière obscure. Les reproches les plus amers,
les récriminations les plus dures, tel
était le langage continuel qu'il tenait
à Angélique qu'il traitait de perfide,
de scélérate, de petite intrigante. Mais
celle-ci en riait, car elle avait encore

entendu assurer que toutes les belles
dames de Paris se laissaient dire les in-
jures les plus fortes par leurs amans,
et n'en vivaient pas moins au sein du
plaisir et de l'abondance.

Déjà elle se faisait tirer les cartes, lire
dans le marc de café, dans les globules
du blanc d'œufs, science profonde que
possédait une pythonisse du quartier.
Il n'y avait pas de jeu, de voltes, qui
ne lui apprissent qu'elle était appelée à
une grande fortune, pour peu qu'elle
sût tirer parti de la *mine d'or* que
Vénus même avait placée dans son sein.
Voyez-vous, charmante Angélique, ces
quatre rois réunis?... lui disait la sybille, eh bien, ce sont autant de riches
entreteneurs qui vont briguer la possession de vos charmes; et tous ces
carreaux ensemble!... ils annoncent
que vous foulerez sous vos pieds les

plus beaux tapis de Turquie; tous ces cœurs!... vous le concevez, belle Angélique, vous allez mettre à vos pieds l'univers entier jaloux de vous conquérir; et pour toutes ces figures de trèfle, elles ne laissent pas douter que vous brillerez incessamment sur un grand théâtre : Mais, faisait observer notre héroïne, voilà bien des piques à la suite de ces tableaux enchanteurs?... — Ces piques, répondit la diseuse de bonne aventure, c'est le deuil de vos rivales, que vous écraserez de l'éclat de votre célébrité. Bref, les cartes pour Angélique étaient toujours couleur de rose et du plus heureux augure, et chaque tri donnait également un terne à la lotterie de Paris.

Un matin que la vieille sybille avait remis à notre villageoise trois numéros que celle-ci avait joués, elle lui offrit en même temps un billet de quatrièmes à l'Opéra, pour y aller ensemble à l'insu du chevalier de Beaumirel et de la comtesse. Angélique accepte avec ardeur : Comment ! l'Opéra ! l'Opéra dont on lui avait déjà conté tant de merveilles !... Après dîner, elle se pare donc de ses plus beaux atours, et surtout de son grand bonnet brodé qui donnait à sa figure une grâce, une majesté et une splendeur vraiment indicibles ; et prenant un fiacre, les voilà toutes deux sur le chemin de la rue de Richelieu. On donnait cejourlà Aspasie et Périclès, et le ballet de Clari. D'abord, à l'Opéra, l'imagination d'Angélique, excitée par le sentiment d'une délicieuse ambition, se met à la place d'Aspasie ; elle revêt en idée tout le pouvoir de la célèbre et ravissante courtisane, et veut de suite un *Périclès* magnifique, opulent, qui puisse aussitôt la placer sur un théâtre digne de ses attraits. Mais que fut-ce quand la CLARI de la pièce, de simple paysanne parvenue au rang d'une comtesse, se voit enlever et épouser par un grand seigneur, offrit à notre ambitieuse une partie de ses premières aventures, et la possibilité de les voir couronner de même que dans cet ingénieux ballet !!! Des larmes d'attendrissement coulent des yeux d'Angélique ; elle voit, comme *Rose d'Amour*, ses destinées écrites dans ce tableau magique. Elle est Clari ; il ne lui faut plus qu'un duc, et sa beauté lui assure qu'elle en trouvera cent pour un. D'ailleurs, elle se rappelle avec enthousiasme les prophéties magnifiques des cartes ; et tous les *rois* réunis, tous les *cœurs* surtout, lui prédisaient une prospérité complète ; il ne s'agit donc plus que d'aider la fortune par un peu d'audace ;

car cette déesse, on le sait, est ennemie des esprits timides. La toile est
baissée depuis long-temps; Angélique
est rentrée au logis, étendue entre ses
draps un peu grossiers, et sur son lit
de sangle chancelant, que les images
brillantes qui viennent d'enivrer ses
sens, sont toujours présentes à sa pensée séduite; elle a éteint exprès sa lumière pour revoir avec plus d'illusion
les groupes ravissans qui l'ont char-
mée; elle entend encore la mélodie
des instrumens, et plane dans les airs
avec Albert et Paul. Tout ce qui seul
a déplu à ses projets, c'est la délicatesse, le scrupule enfantin de Clari,
qui veut qu'on l'épouse, comme si
cela pouvait ajouter quelque chose au
bonheur, tandis que pour elle, le
mariage n'est que la lie du calice de
la volupté...

Oh! que je possède un duc, que je

règne en souveraine dans son palais; que le scandale de mon luxe soit un des premiers attributs de ma cour, se disait Angélique!... peu importe la légitimité des liens que j'aurai serrés... au contraire, plus ils seront légers, plus ils conviendront à mes vastes desseins. Tant de cupidité entre-t-elle dans l'âme d'une simple paysanne de seize ans, à peine ébauchée par les conseils de la corruption!...

Ce qui avait particulièrement fixé l'attention d'Angélique, c'était ce grand nombre de danseuses si élégamment parées; elle s'était fait dire leurs noms, leur origine, et toutes leurs aventures par un habitué des coulisses qui se trouvait placé à côté d'elle, et avait admiré avec quelle rapidité on fait son chemin dans le passage étroit des fourrés de Terpsychore. Ce voisin officieux, et sachant tout ce qui

se passait dans le peuple *à petits battemens*, lui avait encore appris que
souvent on avait vu une écolière commencer ses études à quinze ans et devenir une des principales reines des
ballets.—Comment! lui avait dit Angélique pleine d'un joyeux transport,
avec du travail, moi qui n'ai jamais
dansé qu'une ronde grossière sous l'or-
meau de mon village, je pourrais devenir une Flore, une Psyché, une
Calypso, et je me verrais *claquée* par
tout un parterre!... — O mon dieu,
mademoiselle, lui avait répondu le
savant de coulisses, il y à Paris une
Université de petits pas, d'entrechats
horizontaux, de pirouettes et de *temps*
de cuisses, que d'habiles professeurs
enseignent pour la plus grande propa-
gation des lumières; et avec du zèle,
votre taille, votre figure, et surtout
du jarret, vous pouvez vous élever

singulièrement... sur les planches. Une seule chose me déplairait, avait dit ingénument Angélique; il faudrait avoir un amant dans chaque pièce, et mon parti est pris, je ne veux adopter qu'un entreteneur.—Bon dieu! mademoiselle, avait repris le parleur éternel, ces amours-là ne sont que des grimaces; les soupirs sont notés sur les cahiers de musique de l'orchestre, et les plus fougueux transports sont dessinés d'avance par le maître des ballets; ma foi, rentré dans la coulisse, on ne s'aime plus, et l'amant de Psyché, oubliant son infortunée maîtresse, cause familièrement avec un tigre ou une panthère du Ténare, ou en reçoit une prise de tabac, tandis que Minerve, de son côté, arrange un coucher pour le soir, avec un coiffeur de grand ton. Croyez-moi, tout ce monde-là se passionne par pur métier, et la galanterie y est là absolument de même que les flèches de l'Amour, de carton doré ; tout est factice : une fois dans votre loge, vous vous dépouillez de votre tendresse ou de votre fureur de commande, aussi facilement que de votre pantalon de tricot de soie et de vos ailes de gaze peinte.

Cette conversation importante pour Angélique n'était pas sortie de sa tête : enfin elle se lève, et sa première démarche est vers un bureau de loterie... Quel bonheur inouï!... ses trois numéros étaient sortis. Angélique possédant naguère à peine dix écus, produit des générosités de la comtesse, se voit en vingt-quatre heures riche de près de dix mille francs! la tête va lui en tourner, si sa précieuse pythonisse ne calme ses transports joyeux.

Angélique, après avoir annoncé sa bonne fortune au chevalier, qu'elle

nargue, à la comtesse, dont elle dé-
daigne tous les bons avis, fidèle à son
plan ou plutôt à ses rêveries d'Opéra,
déclare à sa vieille sybille qu'elle veut
entrer à l'Académie royale, et mar-
quer incessamment dans les archives
du temple de Vestris, comme une des
plus brillantes *pirouetteuses* qu'on y
ait jamais admirées. D'ailleurs, ma-
ame Judith (c'est sa précieuse tireuse de cartes) ne la quittera plus;
elle se charge de son sort; elle passera
pour sa tante, car une tante est aussi
nécessaire à une danseuse d'Opéra,
qu'un médecin à un apothicaire.

D'abord Angélique se débaptise; on
lui a appris au foyer qu'en général,
dans le monde comique, tragique ou
sautant, il est du dernier bourgeois
de garder son nom primitif de chré-
tien : Fi donc ! ainsi Angélique bientôt n'aura plus rien du tout d'*Angé-*

lique, et c'est désormais à Cornélie que nous avons affaire. Sa tireuse de cartes est toujours à ses côtés, pour veiller sur son honneur et sur ses principes, et quand elle prédit quelquefois que sa protégée sera une grande coquine, elle ne dit jamais mieux la vérité.

Cependant Cornélie travaille à force sa danse, sue sang et eau, afin d'acquérir ce mélange enchanteur d'aplomb, de légèreté, de vigueur et de grâce. L'appartement qu'elle s'est organisé rue de Chabanais, ne contient que parquets élastiques et en pente, bonheurs du jour, boîtes et rampes pour rompre le coup de pied, suspensoirs à sangle au plafond pour les entrechats *de seconde région*; les princes de son art ne la quittent plus, et ne se lassent point d'admirer son zèle et ses brillantes dispositions; et ce qui confondra le lecteur, c'est que malgré la quantité de trapes dont est semé l'Opéra, Cornélie n'a point encore fait un faux pas, et est maîtresse entière d'une *fleur* que le vent dangereux des coulisses n'a pu flétrir jusqu'à ce moment. De mémoire de chausson de danse, on n'avait jamais vu un pareil phénomène. La jalousie, la rage, la fureur éclataient dans le *chœur* de tous les coryphées : une vierge aux pieds vifs et brillans, insultait à leur libertinage philosophique, que dis-je ! à l'esprit de l'établissement, à l'intention de ses rôles, tous ennemis de la plus légère apparence de virginité, aussi c'était une rumeur, une cabale générale ; et tous les satires des forêts du théâtre, s'étaient-ils lignés contre cette nymphe incorruptible.

Enfin deux longues années se sont

écoulées ; Cornélie, toujours un véritable ange de pureté, s'est donné une peine de diable, et l'on admire sa souplesse, la noblesse de ses attitudes : elle a, disent les grands maîtres, le coup de pied *libidineux*, et le genou *prudent*; j'admire, ajoute celle-ci, l'éloquence de ses pirouettes; je ne sais, réfléchit une autre, si la volupté de ses croupes *balonnées*, ou le *grandiose* de ses entrées, ne l'emporterait pas sur tous ses autres talens. Mais voyez donc, messieurs, fait remarquer un amateur anatomiste, la beauté de l'insertion de son tendon d'Achille, le fini du tibia, et la coquetterie de ses mollets !... Ce sont deux véritables nids d'amour : que de beautés ne font-ils pas présumer dans le reste de ce corps charmant ! funeste tunique ! ennemie de nos plaisirs, tu nous en dérobes la plus précieuse partie... .

Le maître dè ballets admire par-
dessus toutes choses la sagesse de ses
écarts..., et le génie harmonieux de
tous ses mouvemens; Cornéliè est enfin un prodige, une huitième merveille, qui, à ses débuts, va porter le
parterre à un louis, et les loges à
quatre; on va se battre, s'étouffer
pour la voir : quelles délices!...

En effet, le grand jour arrivé, notre
héroïne débute dans un pas de deux; sa
danse tient du merveilleux; toute sa
personne est un parfait modèle, et
vingt couronnes de roses et de fleurs
d'orange, *embléme* de la *virginité*,
lui tombent de ces quatrièmes loges,
où, peu d'années auparavant, simple
villageoise, elle avait eu la vision éton-
nante qu'elle venait de réaliser!...

Le public, les ambassadeurs même,
la demandèrent à corps et à cris quand
la toile fut baissée; celui de Russie,

philosophe éclairé, aimable Chaulieu du nord, la fait venir dans sa loge, lui met un gros rubis au doigt, dépose un baiser sur son front, et parle de dix mille ducats pour les épingles de noces. La sybille, consultée comme un oracle du temple d'Ephèse, conseille d'accepter. Le marché est donc sous-crit au dépit de mille rivaux écon-duits. Hôtel magnifique, chasseur ga-lonné sur toutes les coutures, coureur chamarré de broderie, pour l'échange des billets doux, luxe au-dedans, luxe au-dehors; c'est enfin une danseuse d'Opéra entretenue par un opulent ambassadeur; que pourrait-on ajouter à ce tableau?... Quelle prodigalité dans les premiers mois! vingt familles honnêtes eussent vécu dans l'aisance de la valeur du seul gaspillage des bougies : bougie allumée une fois, bougie perdue. Cornélie ne souffrait

dans ses appartemens, à son petit coucher, que des mêches neuves... Tel
était son mot favori, quand elle traitait : « *Maître d'hôtel, épargnez mon
charbon, mais jamais mon beurre;
et songez que la parcimonie chez moi
est un affront à votre maîtresse.* »
La recommandation était inutile, les
valets avaient de trop bonnes dispositions à la ruiner.

On conçoit que Cornélie avait quitté
le trône plancheyé de Terpsychore ; son
projet, en débutant, avait été de se
donner un puissant entreteneur; le
but avait donc été atteint. Cependant
l'amour, ou plutôt l'amour-propre de
Son Excellence se lassa, et Cornélie
n'en voulut pas moins continuer ses
folles dépenses. Des dettes immenses
pesaient sur la belle courtisane, me-
nacée de toutes parts du griffonnage
odieux des huissiers. La scène du

matin était vraiment plaisante, quand
Cornélie, venant à demander son équipage de ville, appelait auprès d'elle
son cocher à moustaches : Ecoute-moi
attentivement , Bellerenne, lui disait-
elle : voici la liste exacte des rues par
lesquelles tu ne dois pas faire passer
mon équipage; la raison en est que
dans ces rues désagréables *il tombe
des tuiles* pour moi; je ne veux pas
t'exposer à être blessé. « Mais, madame, à ce compte, répondait le cocher, par où voulez-vous donc que je
marche, car dans cette liste immense
je vois au moins les trois quarts de
Paris?... je ne peux cependant faire rouler ma voiture sur les toits, ni remonter jusqu'à la barrière du Trône, pour
redescendre ensuite par les boulevards
jusqu'à celle de l'Etoile ?.... — Peu
m'importe ! arrange - toi comme tu
pourras; mais si l'aspect de quelque

créancier m'importune, je te chasse comme un coquin.

Par cet aperçu, on voit que notre héroïne était poussée jusque dans ses derniers retranchemens. Un vieux seigneur de la cour de Vienne se présenta à temps pour réparer tant de brèches, et éviter à notre Terpsychore, la honte d'aller faire des petits battemens à Sainte-Pélagie; elle arrose donc à propos tous ces gosiers à sec, et dont la soif singulière ne pouvait s'étancher qu'avec de l'eau d'or.

Rétablie dans ses affaires, c'est à recommencer de plus belle, et folies sur folies : la galanterie, la table et tous ses excès; la parure escortée de tous ses caprices dévastateurs, font sauter les sacs de Son Excellence tudesque, dont l'unique occupation depuis qu'il jouit des honneurs de la couche de Cornélie, est de demander

des fonds à son banquier et à son intendant. Mille ducats fondent comme
une méringue à la rose. Le lecteur est
sans doute curieux de connaître au
physique l'heureux mortel que Cornélie ruinait à belle baise-main. La nature l'avait peu favorisé; c'était un
corps étique monté sur deux échasses
plus étiques encore; le front chauve
et poudré en fer-à-cheval; les joues
creuses, la bouche demeublée, et la
face tellement aplatie, que vous eus-
siez parié que le pauvre homme avait
passé la nuit dans un livre, la tête entre
deux feuillets. Tel était l'amant de
Cornélie. On s'imagine bien qu'elle
lui donnait plus d'un adjoint pris dans
la vaste cour des aides, appelés à délasser de leurs travaux les époux de la
capitale. Que de sobriquets insultans
pleuvaient encore sur le front de la victime!... Tantôt elle l'appelait avec ses

amies, son vieux podagre, son *vieux gribou*, tantôt son hypocondre, son barbichon , son vilain roupillard. Cependant
aussitôt qu'il arrivait, c'étaient les caresses et les expressions les plus tendres. A peine venait-elle de vomir des
horreurs contre cette dupe infortunée,
que quand Son Excellence paraissait,
Cornélie lui sautait au cou, en le nom-
mant son *bon*, son *poulot*, son *mimi*,
sa petite *chatte*, son petit *zizi*, son
cher *panpan*. Mademoiselle Julie
Masturbin , sa femme-de-chambre,
vieille fille qui avait passé sa première
jeunesse au couvent, la secondait parfaitement dans son manége , et comme
la manie du vieillard était d'être traité
en enfant gâté, Cornélie jouait le rôle
de sa bonne nourrice. Alors on mettait
un bourrelet de velours noir au *gros*
et *gras* poupon ; on lui saupoudrait les
cuisses avec de la poudre fine, afin

qu'il ne se coupât pas ; la déhontée Messaline lui passait également des lisières sous les bras, le changeait de langes et le menaçait de ne lui donner ni *lolo* ni *poupoupe*, s'il n'était pas sage. Le sexagénaire avait donc aussi sa *pepette* et son *boubour;* un hochet de cristal à la bouche, un petit mouchoir pendu à sa ceinture, et se jetait sur le sein de sa nourrice avec toutes les singeries d'un marmot à la mamelle...

A quel degré de démence n'est pas capable de s'élever le déréglement des passions, ainsi que les rêveries de la débauche épuisée !... On se figure bien que ces giries maternelles se payaient au poids de l'or, et quand le grand et sec poupon suranné, anéanti de ses voluptés *laborieuses*, quittait le rôle de l'enfance et reprenait ses soixante-dix ans bien sonnés, en descendant péniblement l'escalier, soutenu par ses laquais, un leste et brillant Zéphire de l'Académie Royale venait dédommager Cornélie de ses fatigues, de ses douloureuses complaisances, de son courage, et se mettait à papillonner sur une rose à peine effleurée par un vieux frélon impuissant. Quelquefois le Zéphyre amoureux ne pouvait s'empêcher de reprocher à sa maîtresse ses nombreuses et peu délicates infidélités. Comment! es tu fou, mon cher Clairville? lui disait-elle avec enjouement; et depuis quand *les erreurs de la main sont-elles devenues celles du cœur?* Garde-toi, cher ami, de confondre le métier avec le sentiment, et songe que dans les bras d'autrui, Cornélie est toujours en pensée dans les tiens...

Un jour que notre héroïne avait besoin d'un millier de louis dont elle avait perdu une partie au jeu, elle imagina de les demander à son vieux *gribou*, suivant son expression. A cet effet, elle lui adresse, en ces termes, la lettre la plus tendre, ou plutôt la plus fausse :

« MON BON, MON PLUS AIMABLE AMI,

» Les cartes m'ont été funestes la nuit dernière ; j'ai perdu à l'écarté cinq cents louis sur ma parole ; tu le sais, les dettes de jeu sont sacrées, et ce n'est à-peu-près que celles-là que je paie ; ensuite ma voiture de ville est passée de mode ; ce n'est pas étonnant, voilà trois mois pleins que je la traîne dans Paris ; aussi me jette-t-on la pierre pour ma parcimonie. De plus, j'ai besoin de six chapeaux chez mademoiselle Despeaux, et d'un cachemire de Le Normant ; bref, ma petite poule, mon budjet est fait pour ce mois, et je t'impose de mille louis; tu peux me prendre en échange autant de baisers; ma bouche te paiera à caisse ouverte, et mon cœur t'assure des intérêts. Viens donc ce soir, mon petit *zizi*, que j'acquitte cette précieuse dette, mais surtout fais-toi précéder par un valet-de-chambre, porteur des vingt-quatre mille francs en question, car c'est mon *ultimatum*. »

» Sans adieu, mon amour; à ce soir...; approche donc tes lèvres que j'y dépose l'expression de ma vive tendresse... Dieu ! que de folies tu me rappelles !... et est-il possible que je sois devenue la nourrice de ce charmant morveux-là !... qui m'aurait dit cependant qu'un jour je me laisserais *embéguiner* de la sorte par ce charmant vaurien !.. combien je vais t'aimer !... surtout n'oublie pas les mille louis !

Pour la vie, ta constante et sincère

CORNÉLIE.

Notre héroïne, occupée de son courrier, ne se borna pas à cette missive ; du même coup de plume elle adressa ce poulet galant à son cher Clairville :

MON TENDRE MIGNON,

» J'espère pincer encore un millier de louis à mon vieux roupillard ; j'en serai quitte pour *jouer à l'enfant* une petite heure ; ça me donnera l'occasion de le mettre sur les dents, et de m'en débarrasser au moins pour quinze jours, car si je puis conduire son délire moribond jusqu'à l'épilepsie, je le jette sur la litière en trois coups de main. Toi, cher fripon, tu arrives au sortir du ballet dans ton costume enchanteur, et nous *réalisons* la scène

que tu n'as fait qu'effleurer sur le
théâtre : la volupté t'attend ; ne la fais
pas languir au moins ; trop de retard
la fait évanouir. Et puis j'ai mille choses
à te dire sur mon *vieux gribou*, qui
est bien, entre nous soit dit, l'animal
le plus dégoûtant de la nature. Ah,
mon cher Clairville ! il faut aimer fu-
rieusement *son état*, pour se résigner
à de pareils dégoûts : il est vrai que
le podagre me fait un pont d'or à chaque sacrifice, et que mes caresses sont
tarifées; mais je te jure que sans le
dédommagement des tiennes, la partie ne serait pas tenable. Au surplus,
encore cette plume que j'arrache au
dindon, encore ce peu d'or que nous
dissiperons ensemble, et je le *planti-
fique* (1) là. A ce soir, à minuit ; n'y
manque pas au moins. Viens en *Amour*,

---

(1) Expression triviale des femmes galantes.

prends un fiacre ; c'est *Psyché* qui t'attend.

- Ta petite *fafemme,* bien polissonne,

CORNÉLIE.

Sur ces entrefaites, et pendant que notre effrontée brûlait de la cire parfumée à une bougie, afin de cacheter ces deux lettres si contraires l'une à l'autre, un valet annonce une étrangère : elle entre : eh mais, c'est toi, ma chère Sylvina ? il y a un siècle que je n'ai eu le plaisir de te voir ! est-ce que tu as quitté les figurantes ?... Quel bonheur ! assieds-toi donc là, je t'en prie. —Ne dis donc pas Sylvina, ma petite : fi donc ! ce n'est plus qu'un nom de roman de boulevard. —Eh bien alors, apprends-moi ton nouveau baptême ?...—Thélaïs de Mont-Habor ! —Peste, quel titre pompeux ! ha ça, tu ne vas pas à pied, j'espère, avec ce nom magnifique?...—Je m'en garderai bien ; ma voiture et mes gens sont en bas ; aussi ton suisse a sifflé deux coups pour moi.—Oh ! c'est trop plaisant !...A propos, tu as *quelqu'un ?*... —Sans doute : (ici Thélaïs de Mont-Habor s'approchant de l'oreille de Cornélie, lui glissa) : Un des administrateurs des maisons de jeu, rien que cela... — A merveille ! allons, reprit Cornélie, la roulette va devenir pour toi une poule aux œufs d'or. — Je t'assure, répondit Thélaïs, que je ne l'ai pas volé, car, depuis que je ne t'ai vue, j'ai passé par des filières bien cruelles...—Ah ! j'entends, ce mauvais sujet d'Auguste, méchant cabotin de la Gaieté, t'aura fait aller à la maison de santé de Culorier, n'est-ce pas ? —C'est précisément ça ; il n'y a pas un mois que j'en suis sortie avec tous les honneurs de la guerre, et dans ce

moment-ci *je fais une seconde peau.*
— O le monstre! reprit Cornélie; tu
étais si fraîche! es-tu bien sûre au
moins qu'on ne t'a pas *blanchie?*....
—Pas le moindre danger; d'ailleurs,
ça me connaît.... — A propos, tu sais
bien, Florence, qui était si grasse, si
appétissante, eh bien, ma belle, tu ne
la reconnaîtrais pas, tant elle est chan-
gée; oh! c'est tout-à-fait à présent une
croûte au pot, une *panade;* ses appas
sont fièrement lésardés, je t'assure;
elle jette un vilain coton; elle a pris
tant de jus d'herbes! elle s'est exilée
chez les rentières du Marais, et vit avec
un vieux contrôleur de l'Imprimerie
Royale.— Ah! bah!—Comment trouves-tu mon spencer à dos plein? C'est
mon criquet, mon vieux *barbichon*
qui me l'a donné ce matin avec un
cachemire; puis il a installé chez moi

une vraie *cordon bleu* (1) ; |c'est une fameuse gaillarde, je te le promets : je suis bien tranquille avec elle ; et si quelqu'un venait à m'insulter, elle est là....—Eh bien cependant, repartit Cornélie, tu ne parais pas contente avec toute cette bonne fortune ?—Sans doute, il ne me manque plus rien, reprit Thélaïs ; mais songe donc un peu aux dégoûts révoltans que j'éprouve au lit, tête-à-tête, *genoux à genoux* avec une vieille ganache !..... son cautère, et sa quinte surtout, qui dure presqu'autant que ses caresses... N'exigeait-il pas tous les soirs que je lui fisse une omelette de douze œufs, et que... fi donc ! je ne mangerai jamais de ce pain là. Il a voulu prendre un ton : comme je vous l'ai remis à sa

---

(1) C'est ainsi qu'on appelle à Paris une cuisinière étoffée de maison bourgeoise.

place ! mais c'est une bonne bête ; il est comme les chevaux de Franconi, il revient sur le coup de fouet.

Allons, ma chère, de la patience, repartit notre héroïne , il faut bien que la chèvre broute où elle est attachée. D'ailleurs, ne fais-tu pas de même que moi avec Clairville? *gueuse* que tu es, n'as-tu pas ton fanfan?.....
— Oh! pour cela, oui! nous nous en sommes joliment donné hier à Tivoli, va! et les chars, et le jeu de bague, et le punch. Clémentine était des nôtres avec son carabin; nous étions tous *pompettes*... aussi ne me suis-je levée qu'à midi, et j'ai encore dormi deux petites heures dans le bain.
— Clémentine, reprit avec humeur Cornélie, tu la fréquentes? prends-y garde, c'est une mauvaise *gaupe,* qui m'a joué de bien mauvais tours quand elle était figurante à l'Opéra; elle a

encore à moi une chemise de batiste et une jupe de satin que je lui prêtai pour une partie, mais je n'y compte plus ; ça n'a pas d'âme... et puis je te le dirai franchement, Cornélie, continua Thélaïs, je ne suis pas superstitieuse, mais quand j'ai vu Clémentine faire des papillottes avec le billet d'enterrement de son père, ça ne m'a pas du tout souri.— Que tu es drôle, reprit son amie, avec ta superstition et tes papillottes !.... Sais-tu ce qu'on donne ce soir à la porte Saint-Martin ? — Oui, *le Vampire* ; j'ai vu ça, c'est drôle. Comment trouves-tu mon chapeau rose, à plumes couleur scabieuse ? C'est une soierie nouvelle qu'on appelle *amitié entre femmes* ; c'est *léger.*—Quel diable de nom ces marchands vont-ils chercher pour leurs chiffons ! Ne m'ont-ils pas proposé pour meubles, une autre étoffe très-forte, très-solide, pouvant résister à tout, et qu'ils nomment.... attends donc... ah! parbleu! cette bêtise m'échappe... j'avais le nom sur le bord des lèvres... de l'amour.... oui, m'y voilà, de *l'amour-propre d'auteur;* quelle folie! —Il est vrai, reprit Thélaïs, qu'une pareille étoffe serait vraiment *imperméable;* il n'y aurait que l'ignorance d'un traitant qu'on pût lui comparer pour l'épaisseur.—J'allais l'oublier, reprit Thélaïs, au milieu de ce cliquetis de ripostes sans suite et sans raison : et ton chevalier de Pàlemine se remet-il un peu de ses exostoses?—Il va comme un ange; oui, il prend *du genou;* tu croyais que j'allais dire du ventre; pas du tout; c'est du genou, ma petite; les tumeurs s'y sont portées : aussi La Saint-Dolaire, qui vivait avec lui, le voyant ruiné et haletant, l'a lâché d'un cran. Que veux-tu? à force de récurer le chaudron, il perce. — A propos, ma petite, ajouta d'un ton dégagé la Mont-Habor, en regardant dans sa gibecière, je n'ai pas pris assez d'argent sur moi; je voudrais acheter, rue Vivienne, de l'incarnat végétal des sultanes, des gants et quelques chaussons de danse pour aller chez Coulon. — Ma chère, repartit en riant la Cornélie, c'est tout comme si tu disais *mon cœur dans la canicule* (1): tu ne te rappelles donc pas ma traite à vue sur mon vieux pulmonique! je n'ai pas le sou, ma petite, c'est à la lettre; aussi je tire à boulets rouges sur mon banquier.

C'est sur ce ton délicat, distingué

______

(1) En général, les femmes entretenues sont comme la fourmi de La Fontaine; elles ne sont pas prêteuses entre elles; elles se méprisent trop mutuellement, pour avoir quelque confiance l'une dans l'autre.

et décent, que notre couple scandaleux s'entretenait; nous en blâmons sans doute la licence, mais si nous affaiblissions les termes, à force de réserve enfantine, le lecteur ne connaîtrait plus le caractère et l'esprit des femmes entretenues, et nous voulons éviter ce juste reproche.

Thélaïs avait aperçu les deux lettres auxquelles l'adresse manquait encore : Comment, dit-elle, tu te donnes la peine d'écrire ? quel courage ! pour moi, quand j'ai besoin d'argent de mon pilier de pharaon, je le mets à contribution de vive voix, et quand il a financé, je lui dis en riant : *Le jeu est fait, le jeu ne va plus*..... Car quelquefois je lui joue une nuit au trente-un, et quand il perd, je reste vierge.... —Quant à lui, du moins, reprit Cornélie.—Sans doute; Saint-Victor le remplace : ah! je voudrais

que tu le connusses! c'est un coiffeur
du meilleur genre, qui s'exprime bien,
n'a pas le ton canaille ; d'ailleurs il ne
va qu'en cabriolet : comme nous nous
moquons de l'empesé administrateur,
de sa perruque à raies de chair, et de
son épaisse rotondité! Saint-Victor fait
sa charge à ravir : je te donnerai un
jour cette comédie-là ; tu riras comme
une folle. — Parbleu, je peux te donner un échantillon de mes propres
fredaines, repartit Cornélie en déca-
chetant les deux lettres : tiens, Thélaïs, lis.... *qu'en dis-tu?*

L'autre étourdie riait aux éclats, en
parcourant les sarcasmes versés à pleines mains sur le pauvre roupillard,
dans l'épître amoureuse adressée à Clairville. Enfin les deux missives sont re-
cachetées, la suscription est mise, et
un domestique appelé est chargé de
les porter à leur adresse. — La conver-

sation prenait un autre cours, quand un laquais annonce encore un étranger : Qu'est-ce? demande Cornélie. —Votre propriétaire, madame.—Faites entrer de suite, de suite.—Comme nous allons nous divertir, ma belle! figure-toi que c'est absolument le monsieur *Vautour* des Variétés. M. Durterme entre, en offrant, en effet, dans sa personne hétéroclite la caricature la plus comique.—Vous venez dans un vilain moment, lui dit Cornélie en lui indiquant du doigt un fauteuil; je n'ai pas un centime à vous donner; d'ailleurs le terme n'est échu que de ce matin.—Est-il échu ou n'est-il pas échu, madame? peu importe, quand ce ne serait que d'une seconde; le gouvernement n'a point de sensibilité pour mes contributions; je ne vois pas du tout pourquoi j'en aurais pour les autres. — Mais du moins vous at-

tendrez bien une demi-heure ; je viens
d'envoyer chez mon *banquier*, et c'est
un homme fort exact. — Soit, pour une
demi-heure, mais que ça n'aille pas
plus loin ; autrement j'exploite un com-
mandement, et je me mets en règle.

Pendant ce dialogue, Thélaïs jouait
la surprise, l'admiration, le plus vif
étonnement, examinait des pieds à la
tête notre Vautour moderne : enfin,
se levant d'un air théâtral : Non, je
ne me trompe pas, s'écrie la rusée ;
monsieur Durterme, pour Dieu, dites-
moi si vous n'avez pas été marié en
secondes noces avec Adélaïde-Fran-
çoise-Manon Courtin, ma très-honorée
tante ?.... — Et quand cela serait ?.....
— Quand cela serait, barbare !..... je
serais votre petite-nièce : Cornélie,
tombons simultanément aux pieds de
cet oncle chéri, de cet oncle adoré,
de cet oncle idolâtré qui....

En ce moment, nos deux folles s'étaient élancées effectivement d'un mouvement *ridiculo-dramatique* vers M. Durterme, dans l'intention de s'en amuser et de se renvoyer la balle, comme on dit ; et celui-ci les repoussant avec humeur, prétendait qu'on ne le jouerait pas impunément, quand Son Excellence viennoise vint à paraître, et d'un ton furieux demanda à Cornélie l'explication de la lettre offensante qu'il venait de recevoir. — Comment, la lettre offensante, dit Cornélie ! la fatale missive avait été lancée sur le guéridon de ces dames ; Thélaïs qui la connaissait, s'aperçut en effet que son amie, au milieu de leurs caquets badins, avait mis une adresse pour l'autre, et que Clairville avait reçu la lettre du *roupillard*, et *vice versâ*... Aussitôt, c'est de la part de la Mont-Habor des éclats de rire désordonnés : c'est donc là *le vieux gribou* qui joue au poupon, s'écrie-t-elle à travers ses bonds convulsifs, et en se tordant sur l'ottomane!... ah! ah! ah! ah! ah! ah! pour Dieu, M. *Podagre,* retirez - vous, ou je vais passer........ ah! ah! ah! ah! ah! ah! ouf, je me meurs : Cornélie, de la fleur d'orange, de l'eau et du sucre, ma petite, je crève; on ne peut pas voir une parade plus complète. Mais M. Roupillard, vous n'êtes pas venu en *Amour,* suivant la mythologique invitation?... Le vieillard ne se contenait plus, sa canne était levée, et sans l'arrivée de Clairville, les voies de fait allaient commencer...

Qu'est-ce que tout ce tintamarre? dit ce dernier en entrant : tout le monde ici a-t-il perdu la tête? comment! je reçois un poulet fort galant, ma foi!... — Cornélie lui explique en deux mots sa méprise, mais elle a l'audace d'ajouter que ce ne peut être qu'une ennemie qui lui ait joué ce tour sanglant. Thélaïs approuve le stratagême : Oui, dit-elle en reprenant haleine, je suis l'auteur de ce beau chef-d'œuvre; il est trop joli pour que je ne me l'attribue pas. Clairville, recommença-t-elle au milieu de nouveaux éclats, vous êtes le *vieux gribou ;* monsieur, l'*Amour* si ardemment attendu; et voilà mon oncle, M. Durterme, qui nous accable depuis une heure des marques de son excessive sensibilité. — Je pourrais peut-être me venger par les lois, dit avec le ton d'une rage concentrée le noble Viennois, mais je méprise trop l'infâme Cornélie, pour l'honorer de mes ressentimens. Sur ce, il partit suivi de longs éclats de rire de Thélaïs, qui lui criait encore : Adieu donc, mon cher gribou. Restait le vautour inexorable, inflexible, qui, d'un œil d'argus, toisait les meubles, et tâchait d'y lire la valeur approximative de son dû : sans aucune cérémonie, il parcourait les chambres, et s'était déjà glissé dans le cabinet des *bouillons pointus,* afin de tout inventorier : L'occasion est superbe, s'écrie Cornélie en l'enfermant à double tour : maintenant qu'il crie tant qu'il voudra, personne ne l'entend. Et vite, et vite, mes bons amis, faisons des paquets; Thélaïs, prends dans le secrétaire à cylindre mes diamans, dans mon chiffonnier mes bijoux, et filous chez Clairville. Au même instant ils se mettent tous à piller, au mépris des cris du Vautour en cage; les valets mêmes sont avertis, et se récupèrent sur le mobilier de la valeur de leurs gages, le tout aux dépens du tapissier, qui n'est pas là pour empêcher l'assaut.

Nous perdrons entièrement de vue M. Vautour ; son sort n'intéresse personne ; c'est un propriétaire de maison. Suivons Cornélie chez Clairville, dévorant, en peu de mois, ses diamans, ses bijoux, et jusqu'aux costumes de théâtre de son amant, dont elle met au Mont-de-Piété le carquois, les ailes et les pantalons de tricot. Cornélie n'est plus cette brillante sultane dont un seul sourire ouvre les coffres d'un millionnaire : ses attraits flétris ne tentent plus personne, pas même Clairville, qui, en fait de bergères, n'a jamais aimé la bergère Syphilis. Angélique, (car Cornélie, en retournant à sa première bassesse, devait naturellement reprendre son premier nom),

instruite que sa pauvre mère demeu-
rait rue du Gril, faubourg Saint-Mar-
ceau, vint l'y joindre. Cette femme n'ayant pas ignoré la grande fortune que sa fille avait faite à Paris,
avait quitté son village, dans l'espoir
de jouir de ses bienfaits ; certes, sa
demeure fangeuse n'était pas l'hôtel
brillant du *vieux gribou ;* une lampe
noirâtre, une paillasse, une chaise grossière, une table à peine dégrossie, et un
rouet, tel était l'ameublement fastueux
de cette pauvre octogénaire, qui s'était
présentée en vain à la porte de sa fille
du temps de ses prospérités. Angélique
se trouva donc encore trop heureuse
de partager sa couche, et d'exister
dans ce sale quartier, de ses nouvelles
liaisons avec un de ces êtres crapuleux
sur lesquels la police a sans cesse l'œil
fixé. Mais une maladie de langueur
étant venue à la suite de tant d'excès

et de secousses, elle expira au bout de
peu de temps sur cette même paillasse
qui fut le dernier théâtre de ses catastrophes méritées.

LES ROUÉRIES GALANTES

DE MADAME

DE SAINT-APOLIN,

DITE

JULIE-SEIN-D'ALBATRE.

Art d'éterniser la beauté. Cosmétiques réparateurs. Bains de lait, de liqueurs aromatisées. Dépenses folles. Escroqueries ingénieuses. Jugement flétrissant. Le poteau de l'infamie... Saint-Lazare.

LA belle Julie passa l'aurore de ses premières années sous un des grands parasols de la halle, et parmi les vastes viviers de carpes de madame MARIE-

Jeanne, sa respectable mère ; souvent
même ses appas imberbes y furent baignés et rafraîchis dans l'été, et toutes
les poissardes d'alentour se plaisaient
à contempler nu ce petit cupidon féminin. Son papa, monsieur Fumeron,
charbonnier de l'Ile St.-Louis, la tenait, la faisait danser le soir dans ses
bras, quand son travail était fini, et
noircissait par maintes balafres de
charbon ses petites joues de pommes
d'api. Quand elle put trotter toute
seule parmi les légumes, les fruits, les
fleurs et les poissons, c'était à qui la
caresserait, tant elle était belle ! aussi
sa mère fière, comme un Artaban, d'a-
voir produit une semblable merveille,
ne pouvait retenir les pleurs de son
orgueil maternel, aux éloges sans cesse
répétés sur la beauté extraordinaire
et les dispositions étonnantes de sa petite fille. Certains libertins opulens

eurent même l'impudence de lui faire des propositions d'*achat*, supputant, dans leurs calculs voluptueux, l'avenir prochain de sa nubilité et de tous ses charmes parvenus à leur entière maturité; mais Marie-Jeanne était incorruptible; elle eût plutôt souscrit au marché, étonnant dans une poissarde, de ne jamais répondre par des invectives aux agressions de ses camarades, que de céder les prémices de sa chère enfant. M. du Kilo, commis au bureau du droit d'octroi, fut le précepteur de notre héroïne; Julie venait à chaque instant jouer avec sa plume, ses cahiers et ses poids; il vint donc l'idée à ce *plumifère* d'aider dans Julie les talens précoces qu'elle montrait, et il lui apprit *gratis* à écrire et à lire couramment. Il alla même jusqu'à l'arithmétique; le sournois se flattait peut-être de l'espérance de l'épouser un jour, et de renverser par son mariage tous les projets de ses nombreux rivaux dans les bateaux de charbon et les sacs de farine. Marie-Jeanne, qui, de sa vie *vivante*, n'avait su ce que c'était que la première lettre de l'alphabet, ne revenait pas de son admiration, et restait en contemplation devant sa fille, quand, à l'âge de neuf à dix ans, elle lui déchiffrait tout haut les cahiers de chansons qui courent les rues, et même les copiait devant elle. M. DU KILO ne manquait pas alors de s'attribuer tout l'honneur de ce haut degré de science, et continuait d'élever ce charmant oiseau comme à la brochette. Il se trompa lourdement dans ses conjectures; car à peine Julie eut-elle atteint sa quinzième année, qu'éclairée complètement sur la bassesse de son état par les romans qu'elle avait lus, elle prit un beau matin sa volée, et alla se réfugier vertueusement dans un *pensionnat* de jeunes personnes pleines de décence, et qui, sous les soins maternels d'une mère-abbesse, sont nourries, logées, élégamment vêtues, et en sont quittes pour quelques légères concessions qui leur coûtent en vérité si peu, que ce n'est pas la peine d'en parler. C'est dans cette école normale, ce beau séminaire de la galanterie, que Julie acheva de perfectionner ses brillantes dispositions ; et c'est en général de ces *haras* que sortent la plupart de nos femmes entretenues. Une de ses camarades lui avait d'ailleurs appris que la femme avait sept issues bien distinctes, et qu'une seule à prendre pour son sexe, était celle du plaisir. Julie n'avait donc pas balancé, et rougissant des baquets, de l'inventaire et du parasol de Marie-Jeanne, ainsi que de la plaque de cuivre de son père, qui semblait à son imagination un fantôme rembruni, elle avait cédé à de mauvais conseils, avec d'autant plus de facilité, que ses inclinations perverses l'y portaient naturellement. D'abord elle ne sentit pas tout le mérite de sa personne, et vendit à vil prix des faveurs dont elle ne connaissait pas toute la valeur; son *diamant* passa de main en main, parmi des comtes, des ducs, des milords, des banquiers qui savourèrent toute la suavité de sa fleur, qu'elle même ignorait, toute l'étendue du trésor qu'elle possédait. Mais quand l'expérience de quelques années, ainsi que les entretiens de ses compagnes, lui eurent dévoilé tout son mérite, elle cessa brusquement d'enrichir les autres du produit de ses attraits, et créa un petit temple dans le haut de la rue Rochechouart, dont elle se fit

la déesse. Une femme-de-chambre intelligente, (car la femme-de-chambre
est à une femme entretenue, ce qu'est
une confidente à une princesse de
théâtre, c'est le rôle obligé); Fifine
donc, gentille et adroite, scrupuleuse
comme une actrice de petite ville, fut
chargée d'être la desservante des autels.
de ce nouveau sérail. En vain madame
de l'Intermédiaire, cette mère-abbesse
qui avait débauché la jeunesse de
Julie, vint elle-même en personne,
(ce qui était, il faut l'avouer, singulièrement flatteur), chez notre héroïne, afin de la ramener au bercail
avec de plus grands avantages; inutilement fit-elle briller l'or, et ouvrit
des cartons pleins d'élégantes parures :
Julie, inflexible, déclara d'un ton auguste qu'elle voulait se livrer tout
entière à ses nouvelles destinées, et
courir tous les hasards de la carrière

périlleuse de Vénus. Ainsi madame de l'Intermédiaire eut beau lui faire sentir, en les exagérant, tous les dangers *d'une maison* qui commence, les caprices et les chances hasardeuses *du commerce*, lui citer d'excellens magasins qui avaient dévoré *leurs fonds* par des faillites invétérées... Julie fut sourde à toutes ces insinuations captieuses, et répondit par la ferme résolution qu'elle avait prise de risquer l'événement. L'appareilleuse en chef fut donc obligée de se retirer avec sa courte honte, son opiniâtreté ne persuadant que davantage à notre intrigante qu'elle avait fait une excellente spéculation, puisqu'elle inspirait déjà tant de jalousie *à une confrère*.

Les premières semaines furent insignifiantes : si Julie avait voulu faire aller la maison *homme par homme*, parbleu, elle eût, en peu de temps, rempli d'argent sa gibecière; mais elle avait des sentimens *trop élevés* pour accueillir ces turpitudes, et ne songea jamais qu'à s'élancer dans la sphère la plus distinguée des FEMMES ENTRETE-NUES. C'est dans cet unique but qu'elle s'applique à trouver un jeune et beau pigeon qu'elle puisse plumer tout à son aise. Se pénétrant bien de cette vérité, (car elle était fort loin d'être sotte), qu'on ne peut inspirer de l'estime à la première vue, qu'autant qu'une toilette décente fait préjuger favorablement de nos mœurs, elle soigna extrêmement sa mise, et se lia avec quelques bonnes bourgeoises qui ne surent pénétrer ni ses mauvais principes ni ses intentions. L'occasion se présenta bientôt pour elle de faire jouer toutes les machines de ses intrigues galantes : le chevalier de Fran-carville, fils unique d'une mère trèsâgée, qui le laissait jouir dans la plus grande liberté d'une vingtaine de mille livres de rente, la remarqua dans un de ces cercles décens, qui déversait sur elle les présomptions les plus favorables. Julie n'était pas de ces femmes qu'on regarde impunément ; vraiment belle dans ses plus petits détails, elle aurait soutenu l'examen le plus rigoureux d'un artiste, et avait vu souvent ses belles formes reproduites et éparses sur vingt tableaux du musée. Le jeune Francarville, d'ailleurs très-instruit et même au-delà de son âge, ne vit donc pas tant d'attraits sans goûter en imagination tout le prix de les posséder. Il est nécessaire à cet égard de faire une analyse succincte de son caractère : aimant, sensible, bon par excellence, SAINT-PREUX dans toute la force du terme, la chimère du chevalier était d'être aimé *pour lui-*

même, (c'est assez la marotte de la plupart des hommes.) L'idée seule de payer, de *gager* des plaisirs, faisait évanouir tous ses prestiges, et son unique félicité était d'être heureux dans les bras d'une jolie femme par l'effet de son seul mérite. Qu'on n'aille pas encore inférer de là que Francarville, plein de fougueux desirs, et doué d'un tempérament de feu, fût un petit Hercule avec les dames ; non ; voluptueux délicat, c'était la fleur seule *de la volupté de l'âme* qu'il aimait à cueillir, et ses plus grandes jouissances étaient d'obtenir dans une femme *la virginité du cœur*. Ainsi l'on voit que la délicatesse la plus exquise présidait à ses spéculations galantes, et qu'Epicurien recherché, ce n'était pas de la seule grossièreté des sens qu'il faisait ressortir les jouissances de l'amour. Calme dans son maintien, froid, posé, distingué dans sa mise et toutes ses manières, il annonçait l'opulence, comme un pauvre diable témoigne de suite sa pauvreté. Riche dès l'enfance, et non comme une quantité de nos parvenus qui partagent dans leur nouvelle fortune l'étonnement du public, sa familiarité avec l'or venait de longue source, et il dépensait pour une inutilité vingt-cinq louis avec une grâce indicible. C'était pour Francarville une chose toute naturelle. L'ostentation n'entrait donc pour rien dans son procédé, et il eût été très-surpris qu'on lui fît des observations sur sa facilité à jeter l'argent par les fenêtres. Ajoutons à ces premiers traits rapides, une douceur, une aménité charmante, une politesse du meilleur ton et l'habitude de la grande société, une disposition constante à *romaniser* dans le genre sensible et délicat, et vous posséderez,

lecteur, notre Francarville sur le bout
du doigt. N'omettons pas de dire qu'il
avait souvent été trompé dans le cours
de ses galanteries platoniques; c'est pourquoi il ne laissait pas d'être sans cesse
en garde contre des atteintes simulées.

Le soir qu'il vit pour la première
fois la charmante Julie, il ne put se
défendre d'une impression soudaine,
de ces émotions *magnétiques*, et de ce
qu'on appelle *ces coups* de sympathie,
effets de l'aveugle destin. Julie, péné-
trante, le devina aussitôt, et vit de
suite pour elle, dans le chevalier,
l'homme du sort. S'appliquant à étudier ses moindres gestes, ses moindres
discours, elle se convainquit d'un
côté que son cœur était vide, et que,
d'un autre, sa bourse était pleine.
Julie pinçait de la guitarre et chantait
agréablement; dans des jeux où il lui
fut imposé des gages, elle les racheta

par ces gracieux talens; elle sut à cet égard choisir des couplets pleins d'âme et de délicatesse, et qui exprimaient en thèse générale, « que le vrai bonheur est le lien de deux cœurs qui s'accordent parfaitement dans une amoureuse conformité ». Qu'on n'aille pas croire qu'elle mit de l'affectation dans ces ingénieuses apologies de l'amour délicat; elle s'en garda bien; elle jouait trop gros jeu, et avait affaire à trop fine partie; elle se borna à de simples éclairs de sentiment, qu'elle s'empressait aussitôt de couvrir de voile du badinage et d'étourderie étudiée. Le chevalier s'emplissait donc de ce gaz subtil qui enivre nos sens et altère notre raison : « Voilà bien la femme, se disait-il tout bas, qui ferait mon bonheur ! que de charmes dans son entretien ! que de finesse dans son langage ! ah, Francarville ! si tu peux ici parvenir à te faire aimer *pour toi-même,* tu seras le plus heureux des mortels!... »

L'assemblée vint enfin à se dissoudre; *la bonne* de Julie vint la chercher avec deux parapluies, car le temps s'était couvert, et malgré que le chevalier offrît poliment son bras et une voiture, Julie persista à n'accepter ni l'un ni l'autre. Le seul moyen qui lui reste, est de la suivre de loin. Il l'emploie, et sait sa demeure : mais en est-il plus avancé? les dames de la société se sont bornées à lui apprendre que mademoiselle Julie Céran vit avec sa mère, qui possède une honnête fortune, et par un concours de circonstances s'est trouvée admise depuis quelque temps dans la société, dont elle fait le principal ornement. Explication vague qui ne lui ouvre pas du tout l'entrée de la maison. Nous le laisserons quelques instans à ses insomnies, à ses méditations sentimentales, rue du Helder, où il avait un charmant appartement de garçon, se plaisant à élever dans son cœur des autels à la *virginale* Julie, pour voir ce que fit cette dernière à son retour chez elle.

Fifine, dit-elle à sa femme-de-chambre en entamant un pot de confitures, mes destinées sont prononcées, ma fille, et j'ai trouvé mon vainqueur, ou plutôt mon *ministre des finances*: puis elle expliqua tout ce qui s'était passé à l'assemblée. Fifine n'abonda pas infiniment dans son sens : un jeune amant plein d'illusions, éternel temporiseur dans sa naissante flamme, n'était pas, selon elle, ce qu'il fallait pour soutenir une maison lourde; un bon *Goddem* à rouge trogne aurait bien mieux fait son affaire; quelques guinées au moins seraient tombées dans l'antichambre; mais une grande passion filée *chapitre* par *chapitre*, un siècle de langueur et aucunes bonnes orgies..., oh! tout cela n'était pas attrayant. Julie l'interrompit dans ses désobligeantes réflexions, en lui prouvant de point en point qu'elle ne savait ce qu'elle disait; elle lui développa tout son vaste plan, et à la fin du récit, Fifine convaincue, fut tentée de saluer sa maîtresse du nom « de *madame de Francarville.* » Maintenant, continue Julie en faisant une dernière visite au fond du pot de confiture, et en avalant deux ou trois gorgées de Bordeaux, il me faut une mère : dès demain matin, je t'engage aussi : ma petite, à rendre ta mise *plus bourgeoise,* et à dépouiller mon appartement de ce luxe inconvenant qui ne s'accorde pas avec le reste de ma situation. Nous avons affaire ici à des

yeux pénétrans. Tu m'acheteras aussi deux portraits de famille un peu vieux. Fifine lui demanda où elle lui trouverait si promptement une mère?....
—Eh mon dieu, la moindre chose t'embarrasse... chez la Brissard (*); qu'elle ait de cinquante à cinquante-cinq ans; une robe de taffetas puce, une bonnette, des bésicles et un sac à ouvrage d'une vieille jupe de taffetas gris; il n'en faut pas davantage; je me charge de lui apprendre le reste; elle sera contente de moi.

Tout fut prêt le lendemain ainsi que l'avait commandé notre intrigante; la chambre prit une physionomie plus sage, plus modeste; un portrait d'un prétendu grand-oncle, un autre de *bonne-maman,* un vieux piano loué au mois chez le luthier voisin, et un

----

(1) Fameuse matrone de la rue de Richelieu.

gros chat achevèrent la couleur bourgeoise de la maison. Sa nouvelle mère
d'emprunt surtout était parfaite, à ça
près de rudes bourrades dont elle estro-
piait de temps en temps la langue.
C'était un aplomb, un naturel dans le
discours et les manières, à tromper
l'œil le plus pénétrant. Cependant,
Julie lui conseilla, afin d'éviter des
questions et des entretiens quelquefois
embarrassans, de bégayer d'une manière extrêmement désagréable, ensuite d'avoir la vue très-basse, ce qui
éloignerait le desir dans le chevalier de
prolonger long-temps les conversations
avec elle.

On s'imagine bien que Francarville
ne manqua pas de jouir de la permission d'aller présenter ses hommages
aux dames de la dernière assemblée ; il
eut le bonheur d'y retrouver sa chère
Julie. Elle, de son côté, se serait bien

gardée de n'y pas venir. Même manége, même coquetterie de sa part; même excès de sensibilité de celle de son langoureux *tenor*. Celui-ci glissa des fragmens de déclarations d'amour éparpillés dans mille riens inintelligibles pour autrui, mais très-significatifs pour une femme intéressée. Julie eut l'art de se donner parfois de ces momens de silence et de réflexions profondes, comme l'état d'une personne subjuguée en secret par de vives sensations; puis affectant de sortir brusquement de cet accablement de l'âme, elle jetait des regards inquiets autour d'elle, sur le chevalier, rougissait jouait l'embarras, et employait toutes les minauderies possibles, pour qu'il pût justement s'attribuer, sans passer pour un fat, la gloire d'être l'heureux auteur de ses distractions involontaires. Francarville nageait dans la joie de son cœur; une jeune femme, belle comme les Amours, ignorant sa fortune, l'avait enfin aimé pour sa personne seule; c'était donc déjà entre eux deux l'intelligence muette de deux cœurs qui brûlent de s'élancer l'un vers l'autre; la sagesse, la modestie, seules, retiennent encore son amante; le respect, l'amour pour lui, arrêtent ses pas, ferment sa bouche prête à tout déclarer; mais que cet état a de charmes! Il boit à longs traits le nectar de l'amour; il voit, il admire, il adore Julie; il a le bonheur de toucher sa robe, quelquefois sa belle main dans les familiarités d'un jeu innocent, et il n'échangerait pas sa place contre la plus puissante couronne de l'univers. Amans qui me lisez, qui vous trouvez dans cette délicieuse position, parlez donc du bonheur de Francarville, de ses illusions enchanteresses, ou prêtez-moi vos pinceaux!... *La bonne* vint à son ordinaire ; mais comme il y avait alors quelque trouble dans Paris, le chevalier offrit son bras avec de plus vives instances, et il eût été ridicule de la part de Julie de le refuser. Elle l'invita même à monter, et Francarville, toujours esclave des procédés, se confondit en salutations, en *profonds respects* vis-à-vis de madame Céran *la mère*, qui lui répondit en bégayant et en *cuirassant;* « *qu'il* était *trop ho...* trop honnête de s'être donné *la chose* de reconduire sa fille; elle ajouta que chaque fois qu'il lui ferait *celui* de venir la visi... visiter, ça lui ferait *z'un* honneur *conséquent*, attendu qu'elle *s'en...* s'ennuyait toute seule comme deux dans trois chambres. »

Julie lui donna un vigoureux coup de coude, pour la faire taire, craignant que madame Céran ne s'échappât à de nouvelles bévues. Le chevalier prolongea cette première visite le plus de temps qu'il put, et lorsqu'il quitta l'objet de sa naissante tendresse, ses yeux lui apprirent ce que sa bouche taisait encore.

L'entrée de la maison lui étant permise, il jouit de cette faveur, et peu de jours se passaient sans qu'il vînt s'informer de la santé de ces dames. Toujours grand dans ses manières, il avait souvent glissé une pièce d'or dans la main de Fifine, mais par pure habitude et sans projet de séduction. Il estimait trop Julie : celle-ci, déjà informée de l'amour du chevalier par des lettres, par des galanteries délicates, a répondu jusqu'ici *en Normande*, c'est toujours ni *oui*, ni *non*; sa naïveté, son *innocence*, disait-elle souvent à Francarville, redoute la perfidie des hommes; elle ne veut d'ailléurs qu'aimer *son mari*, et fermer son cœur à ces passions fatales qui, trop souvent, font le malheur de la vie entière. Tout en se retranchant dans les termes d'une si prudente réserve, ses yeux allumaient dans le cœur du chevalier l'espérance que ses paroles étudiées y avaient éteinte; et chauffant continuellement les fourneaux, (en termes libres), elle avait porté l'amour de sa dupe au plus haut degré d'exaltation.

Il faudrait des volumes pour détailler, par quelle astuce Julie, toujours coquette, amante passionnée sans accorder la plus innocente faveur, s'est rendue maîtresse absolue du cœur du chevalier, qu'elle manie à son gré comme une cire molle. Il se croit adoré enfin, et sa chimère est accomplie. Il savoure l'erreur d'être trouvé charmant; nul intérêt n'empoisonne ou

ne rend suspecte cette délicieuse idée :
Julie, délicate à l'excès, a refusé jusqu'alors les présens les plus légers de
l'amour ; et quand Francarville lui a
donné son portrait enrichi de diamans,
elle les a fait de suite enlever par un
bijoutier, et les lui a renvoyés en lui
jurant, « *que le plus précieux bijou*
pour elle, était sa chère image. »
Qui oserait donc jeter des soupçons
sur une si belle vertu, sur une aussi
grande délicatesse ? Le prestige, l'enchantement sont au point que le chevalier parle déjà d'union, d'hymen,
est reçu par la mère sur le pied d'un
gendre prochain, et par un artifice de
vanité, cache sa fortune, afin de ne
pas douter qu'on le chérit *pour lui-*
même. Mais la rusée de Julie en sait
long là-dessus, et se flattant peu de
la possibilité d'un mariage si roma-
nesque, elle ne pense désormais qu'à

faire jouer toutes les batteries qu'elle tenait en réserve.

Un soir donc que le chevalier vint lui rendre ses soins, après quelques expansions flatteuses de part et d'autre, l'or que le chevalier portait négligemment dans ses poches de gilet venant à sonner : « Comment, monsieur, dit la rusée, vous portez tant d'argent sur vous ! savez-vous que cela me rend jalouse ? allons çà, que je vous dépouille ; ce petit nécessaire dont je vous remets la clef sera une autre *tirelire*, et au bout du mois vous serez sans doute charmé de mon plan d'économie. »

Francarville se laissa donc fouiller paisiblement, trop heureux de sentir une main chérie le toucher de si près. Quelques jours après, réunis sur le boulevard du Panorama où ils s'étaient donnés rendez-vous : « Que je souffre !

lui dit Julie, je n'ai point de montre,
et je ne puis préciser la minute à laquelle je dois venir ; si j'en avais une,
je la contemplerais une heure avant le
rendez-vous : je me dirais : dans un
quart-d'heure, dans huit minutes,
dans quatre, dans deux, dans une !...
dans quelques secondes, je vais voir
mon cher Adolphe ! » A ces mots,
Francarville qui tenait sa montre,
(œuvre superbe de Breguet, et esti-
mée trois mille francs), la force de la
garder, attendu qu'il en a une autre
provenant de la succession d'un de ses
oncles : — Ici, assaut de délicatesse ; cependant Julie prend à titre de prêt le bijou nécessaire, le tout pour ne pas con-
trarier la sensibilité extrême d'Adolphe. Les familiarités étaient devenues
si grandes entre ces deux amans, que
Julie allait sans façon chez le chevalier, recevait ses déjeûners, en tout

bien tout honneur. Le *platonisme* le plus quintessencié de l'amour présidait à ces innocens tête-à-tête, et tout en filant une si parfaite tendresse, notre friponne ne laissait pas, chaque semaine, de grossir d'or le petit nécessaire du produit des sages économies de Francarville. Déjà le tronc de ses larcins contenait plus de cinq cents louis. Un matin que Julie s'amusait à examiner en détail le mobilier de son amant : « J'admire, lui dit-elle, l'ordre qui règne chez vous; pour une vie de garçon, c'est vraiment édifiant! » Le chevalier répondit qu'on ne pouvait adresser cet éloge qu'à son valet-de-chambre : « Mais comment, Francarville, ajouta-t-elle en ouvrant successivement commode, secrétaire, malles et armoires, vous êtes monté en effets comme un homme marié! linge de table, de lit, draps de batiste,

vaisselle plate, service en vermeil, quel luxe pour un jeune homme seul!»
— C'est, repartit le chevalier, depuis long-temps mon usage ; il m'est agréable de porter de tout avec moi, quand je voyage à l'étranger. — Mais, s'écria Julie, votre linge n'est pas marqué ; quel désordre !... Allons, il faut m'envoyer tout cela demain ; je visiterai le linge, et je vous l'arrangerai comme un papier de musique. » Le chevalier se confondit en témoignages de reconnaissance, et ne manqua pas de se dépouiller, un jour ou deux après, d'une valeur de deux mille écus en linge de toute façon. Chaque jour amenait avec lui de nouvelles raisons plausibles pour faire transporter dans l'appartement de Julie les plus précieuses valeurs du chevalier ; tantôt elle voulait le traiter chez elle avec son argenterie; tantôt elle lui représentait

qu'il exposait sa vie, en gardant près
de lui des objets de tant de valeur; et
elle mettait tant d'adresse dans ses
spoliations, que l'esprit le plus soup-
çonneux n'en aurait pu concevoir le
moindre ombrage : il faut ensuite se
représenter un amant dont l'épais ban-
deau le fait marcher quelques mois
dans une nuit profonde.

Ainsi donc tout était passé dans le
coupe-gorge tendu par Julie; l'appartement du chevalier n'était plus
qu'un désert, et représentait une maison en saisie réelle par autorité de justice. Il s'agissait de mettre le comble à
ces honteuses escroqueries, en faisant
signer à Francarville une promesse de
mariage avec un dédit de trente mille
francs. La matière était délicate à abor-
der; et, pour réussir dans ce coupable
dessein, Julie pense qu'elle doit accorder à son amant quelques faveurs, afin

d'enchaîner davantage ses sens et ses esprits.

Certain *élixir de nubilité*, lui a appris une savante matronne, produit sur les sens un effet infaillible ; l'âme s'exalte, aliénée par les desirs voluptueux ; un feu secret court soudain dans nos veines ; une espèce de frénésie nous agite ; c'est enfin ce que les praticiens appellent le priapisme de l'amour, et il n'existe peut-être pas de plus puissant aphrodisiaque après les cantharides. Julie se fit expliquer les élémens qui composent cette heureuse liqueur. D'abord, une décoction de canelle cuite dans du vin de Champagne, quelques gouttes de truffes réduites en syrop, et de vos....., lui dit à l'oreille l'infâme embaucheuse...

A cette confidence criminelle, si voisine de l'empoisonnement, Julie ne put s'empêcher de frémir ; quoique pleine

de perversité naturelle, elle n'était
encore qu'aux premières ébauches du
vice et de l'intrigue, et l'idée de se
placer audacieusement sous le glaive
de Thémis effrayait sa pensée incer-
taine. Cependant l'horrible séductrice
achève de lever ses faibles scrupules,
et tout en riant d'un rire affreux de la
niaise timidité de la Saint-Apollin, elle
lui promit, en lui citant mille traits de
cette force, de prendre entièrement l'affaire sur sa conscience, pourvu qu'elle
lui remît dans une petite fiole le phil-
tre menstruel. Quelques jours se pas-
sèrent avant que notre coupable intrigante se décidât; un reste de vertu la
retient encore sur le seuil du crime
qu'elle est prête à franchir; mais enfin
l'époque des influences sublunaires
ayant favorisé ses demi-résolutions,
elle se détermine à ne plus mettre de
bornes à ses délits, et c'est au milieu

d'un déjeûner amené à dessein, que Francarville boit à longs traits la liqueur enivrante (1). Dès ce moment, ce n'est plus un amant seulement passionné des faveurs les plus innocentes de l'amour ; non, c'est un nouvel Othello, un Saint-Preux enthousiaste, irrité par les privations, et qui ne connaît plus de puissance humaine capable d'apporter des obstacles à son triomphe. D'abord, le sommeil lui est ravi ; sa maigreur, sa pâleur décèlent ses feux secrets ; il ne peut plus toucher la main de Julie, sans éprouver des irritations, des palpitations spasmodiques ; son sang s'enflamme ; des larmes mouillent ses yeux abattus, et il demande à genoux le prix de ses soins et de sa tendresse avec les expressions passionnées d'un esclave qui soupire après la liberté. La Saint-Apollin

____

(1) Cette particularité a vraiment eu lieu.

triomphe ; elle voit comme dans une glace les ravages du breuvage amoureux ; mais toujours froide dans ses calculs, elle oppose constamment une vertu inébranlable aux prières ardentes de son amant. De séduction en séduction, Francarville égaré a eu l'imprudence de signer la promesse de mariage tant desirée avec le dédit réparateur de trente mille francs. Cependant, il n'en est pas plus heureux : Julie sait toujours éluder une défaite complète trop connue, dit-elle à Francarville, pour être le tombeau commun de l'amour et des illusions ; et sachant, par mainte badinages, fournir quelqu'aliment aux sens trompés de sa victime, elle détourne sans cesse de leur destination des entreprises qui s'évanouissent dans le délire d'une possession imparfaite.

Cette intrigue en était à cet état de

choses; Fifine, la soubrette, toujours
généreusement récompensée dans les
fréquens messages qu'elle portait au
chevalier, (messages galans, tous rem-
plis des sentimens les plus exaltés de la
nouvelle Héloïse), Fifine, dis-je, entre
tenait sans cesse le feu quelquefois prêt
à s'éteindre faute de véritable aliment,
quand un matin Francarville se rendit
auprès de sa maîtresse, dans l'intention
de lui montrer des lettres qu'il avait
reçues de sa mère, résidant alors au
château de Valsay, en Picardie. Ces
lettres pleines d'excellens raisonne-
mens, de ces réflexions qu'on doit
faire avant de prendre une compa-
gne, donnaient en définitif plein con-
sentement à ce fils chéri, qui, disait
cette mère, d'après ses principes et sa
belle éducation, ne pouvait manquer
d'avoir accordé sa préférence à un
objet qui en serait parfaitement digne.

Francarville venait donc annoncer cette bonne nouvelle à Julie, et la prier de lui communiquer tous ses papiers, afin qu'il en envoyât des extraits notariés et authentiques à madame de Francarville. Mais celle-ci était allée, répondit sa prétendue mère, au bain avec Fifine, et ne reviendrait que sur les deux heures. — Au bain avec sa femme-de-chambre ! repartit vivement le chevalier ; mais mon cabriolet s'est croisé dans la rue Montorgueil avec un fiacre où je crois bien avoir reconnu Fifine entourée de paquets ; je me rappelle même qu'elle me fit signe de la main, en voulant me dire que c'était une grande partie de mon linge qu'elle reportait chez moi par ordre de sa maîtresse. Si c'est en effet cela, elle trouvera mon valet-de-chambre. — Ah ! oui, c'est possible, reprit en balbutiant l'entremetteuse ; je me sou-

viens en effet..., vous avez raison...,
vous avez raison, cheval... chevalier;
c'est ça; je l'ai vue effectivement mettre tout votre linge en ordre...

Francarville était trop éloigné d'a-
voir le plus petit soupçon sur le véritable caractère des deux coquines qui
le trahissaient, pour s'appliquer dès ce
moment à lever le moindre voile, et
malgré le secret désordre qui régnait
dans l'appartement dont on avait déjà
dans la nuit précédente soustrait les
effets les plus précieux; dans son aveu-
glement, Francarville ne songeait qu'à
celle qu'il adorait, quand trois hommes, d'une figure sévère, entrent soudain dans la chambre sans avoir tiré
le cordon de sonnette, et se présentant
au nom sacré du Roi, s'emparent de
la fausse mère, et débutent par lui
passer autour de la ceinture une chaî-
nette à cadenas qui lui interdit tout

espoir de fuite. L'entremetteuse veut feindre de bégayer ; elle crie à l'horreur, invoque le respect dû à son âge, à son sexe ; mais elle a beau prétendre qu'elle est ici victime d'une cruelle méprise, le sous-inspecteur de police, accompagné de deux gendarmes déguisés, n'en poursuit pas moins sa secrète mission, sourit avec dédain aux justifications tremblantes de la coupable, et tout en balançant la tête : « Allez, allez, ne résistez pas, ce serait inutile ; jouez encore moins la comédie ; il y a long-temps que je vous connais, vous êtes bien certainement LA TURPAILLON ; vous ne bégayez pas naturellement ; quittez donc aussi ces bésicles, car vous avez la vue encore bonne ; il n'y a pas six mois que vous êtes sortie des Madelonnettes ; allons, partons, et ne me forcez pas à découvrir vos épaules ornées d'une certaine marque... Une voiture nous attend en bas, et l'on va prendre des mesures afin que vous ne fassiez plus vos fredaines qu'entre quatre bonnes murailles. »

Pendant que le suppôt de justice s'exprimait de la sorte, les deux émissaires de la force armée cherchaient dans les autres chambres, ouvraient tous les tiroirs, tous les meubles qu'ils trouvèrent vides, nommèrent la Julie Saint-Apollin, et semblaient se faire des reproches entr'eux de leur maladresse d'être venus trop tard. Enfin, après avoir fureté dans tous les coins : Où est la fausse Julie, demande rudement l'un d'eux à La Turpaillon ? — « Hélas ! mes bons messieurs, ne me perdez pas une seconde fois ; je vais tout vous révéler ; je ne suis pas sa complice, et encore moins une *vagabonne*; elle est partie ce matin pour Versailles, Fifine, sa femme-de-cham-

bre, qui a dû l'y rejoindre ; et moi, je
ne suis restée que parce queje n'ai pas
voulu me prêter à leur stratagême. »

Qu'on juge de l'état, de la stupé-
faction du chevalier, au milieu de ce
singulier spectacle ! Le voile est enfin
déchiré ; il est clair qu'il a été dépouillé
comme dans la forêt de Bondi ou de
Senars ; mais quelle lumière affreuse !
Francarville, moins sensible aux pertes
qu'il vient de faire, qu'à la duplicité
atroce de sa maîtresse, sent des larmes
de rage et de honte humecter ses yeux:
il instruit rapidement les gens de justice qu'il est lui-même la victime de
ces deux friponnes. Un commissaire
de quartier met les scellés, et l'infor-
tuné Francarville, engagé dans les
chagrins d'une procédure criminelle,
craint de se voir forcé par sa conscience à charger une femme que
malgré ses torts il ne laisse pas d'ado-

rer en secret. Cependant, comme il n'a fait encore que des dépositions verbales et sans suite, il espère pouvoir ménager le monstre qui l'a trahi; il se rend donc chez un de ses amis, M. de Saint - Mélian, habile avocat, à qui il conte l'histoire de point en point. Celui - ci est d'avis de poursuivre l'affaire à outrance; ses principes lui en font une loi; la société, dit-il, doit être purgée de ces syrènes affreuses qui, tous les jours, répandent les fléaux de la ruine et de la discorde dans les familles. Le chevalier, plus modéré, ne veut que reprendre sa promesse de mariage avec le dédit de trente mille francs et sa montre, non pour sa valeur, mais parce qu'elle est un présent de sa mère; il fait hautement le sacrifice du reste, s'estimant trop heureux de ne pas se trouver complètement entraîné dans l'abîme ; ensuite il ne

veut pas faire retentir les tribunaux
d'un procès comique au fond par ses
circonstances, et qui le rendrait infailliblement la fable de tout Paris, par
le rôle mortifiant qu'il a joué dans la
pièce. L'avocat est donc parti, muni
du signalement de Julie et de tous les
renseignemens imaginables. Descendu
chez Raimbault, un des premiers res-
taurateurs de Versailles, il s'informe,
et trouve en effet que celle qu'il cherche est logée près de lui, porte à
porte, dans le même corridor. L'hôtesse, à qui il ne découvre pas ses pou-
voirs et ses projets, lui répond que
cette dame est vraiment charmante,
et qu'elle n'a pas vu depuis long-temps
une aussi jolie femme. L'avocat sonne,
on lui répond d'entrer; —Julie est en
effet ravissante, et cet homme terrible
qui ne voulait frapper que des coups
d'autorité, sent son cœur battre avec

une violence dont il ne peut se rendre maître. La Saint-Apolin, d'un ton de voix plein d'aménité, lui offre de s'asseoir, et le prie de lui apprendre le motif qui lui procure l'honneur de sa visite. Saint-Mélian, confondu de cet air de candeur et d'innocence, redoute de s'être mépris, et ne peut voir une infâme dans une créature si angélique. Madame, lui dit-il enfin, ma mission est bien délicate, mais ma démarche n'a pas besoin d'apologie ; le chevalier de Francarville vous accuse, cependant il ne veut pas vous perdre, et, renonçant à une chimère dans laquelle il faisait consister le bonheur de sa vie , il ne desire qu'annuler la promesse de mariage, et veut que vous lui rendiez sa montre ; c'est un bijou précieux de famille. C'est à ce titre seul.....
—O grand Dieu ! s'écria Julie d'un ton pathétique, je vois bien qu'on m'a odieu-

sement calomniée, et que le chevalier, furieux d'avoir échoué dans ses projets de séduction, veut me perdre dans la partie la plus sacrée, celle de mon honneur. De là, la Saint - Apolin, forgeant de suite une fable ingénieuse, s'y peignit comme une véritable héroïne de roman qui fuit son suborneur. Quant à la promesse de mariage, la voici, ajouta-t-elle avec feu en la tirant de son sein et en la mettant en pièces; accusez-moi maintenant, monsieur, de spéculations intéressées! pour la montre, cet objet a été entre nous un échange libre de preuves d'attachement; celle que je lui ai donnée vaut bien la sienne, et je ne vois pas pourquoi je m'en dépouillerais en faveur d'un homme assez peu délicat pour fausser tous ses sermens. Voyez ses lettres, monsieur: jugez de toute l'étendue de ses saintes promesses, et prononcez vous-même s'il peut exister dans le monde un homme plus astucieux et plus dangereux que le chevalier Francarville.

Ici Julie fit à propos rouler sur ses joues deux grosses larmes, obtenues par l'effet de son émotion factice ; elles tombèrent sur son sein. Fifine était accourue ; elle possédait sa maîtresse sur le bout de son doigt : à peine donc la vit-elle très-émue, qu'elle sut qu'elle allait se trouver mal ; c'était infaillible : aussi s'empressa-t-elle, en se donnant beaucoup de mouvement, de lui faire respirer des odeurs, de délacer son corset, de mettre tant soit peu à nu sa gorge éblouissante de blancheur... On ne voyait plus à Julie que le blanc des yeux, et ses paupières tremblaient comme agitées des atteintes du trépas...... Notre avocat, éperdu de se voir la cause d'une si grande douleur, sonne tous

les domestiques ; il demanda mille
pardons d'avoir mal préjugé de la belle
étrangère peut-être avec trop de pré-
cipitation, et d'avoir accordé une confiance illimitée aux confidences de son
ami ; et pendant qu'il cherche de l'eau
de Cologne, Julie, écartant davantage
son fichu, ordonnant tout-bas à Fifine
de faire sauter encore quelques œillets
de son corsage, et de découvrir sa jolie
jambe, elle étale, *dans cet appareil
étudié*, des charmes vraiment irrésis-
tibles. M. de Saint-Mélian remontait
en ce moment avec un flacon d'eau
de mélisse ; la Saint-Apolin était restée seule, parce que Fifine, de son
côté, avait couru chez l'apothicaire,
afin d'y acheter des esprits. Il lui fit
donc respirer l'odeur suave, et se permit même, mais par pure humanité,
d'en répandre quelques gouttes sur son
sein, afin de ranimer ses sens.... Ah,

ma chère Fifine ! dit Julie, affectant de croire qu'elle devait ce service à sa femme-de-chambre (malgré que du coin de la prunelle elle eût parfaitement distingué l'avocat), combien je dois à ton zèle généreux !... ta fidélité, ton attachement, me dédommagent un peu des outrages de mon injuste persécuteur, qui ne fut jamais digne de mes affections ni de mon estime. En proférant ces mots, elle soulevait sa gorge superbe par bonds convulsifs, serrait la main de l'avocat, qui, profitant de la prétendue erreur, savourait toutes les délices d'un larcin et d'une méprise aussi voluptueuse. Il alla jusqu'à déposer un baiser de feu sur ce sein d'ivoire, et presser de ses lèvres un bouton de rose qu'il croyait virginal dans son excès de bonhomie....

Quand Fifine rentra, Julie jugea devoir entr'ouvrir les yeux ; et jouant

la pudeur surprise, tout en s'envelop-
pant de voiles, elle agissait de manière
à découvrir encore plus ses appas. Comment, Fifine, monsieur était là tandis que !!!....—Madame, croyez que
je suis un homme d'honneur, incapable...—Ah, monsieur! les hommes!...
le chevalier aussi se disait homme
d'honneur! vous voyez que pour n'a-
voir pas voulu céder à ses desirs ou-
trageans, il ne tend rien moins qu'à
me perdre. C'est vraiment une horreur, reprenait Julie, et s'il vous restait quelque doute, monsieur, je pense
qu'après avoir annulé devant vous un
dédit de 30,000 francs, j'ai bien acquis
le droit de vous inspirer quelque confiance. Puis la Saint-Apolin ne se
bornant pas à toutes ces impostures et
ces scènes d'adroite comédienne, con-
fessa en effet que cette dame qui se
trouvait auprès d'elle n'était pas sa

mère , mais que c'était pour conserver
les bienséances qu'elle lui avait donné
ce nom si doux à l'oreille d'une fille
privée dès l'enfance de la sienne : l'humanité , ajouta-t-elle , lui avait fait
encore recueillir cette inconnue , et si
c'était réellement une femme dange-
reuse reprise de justice , il ne fallait
qu'accuser sa mauvais étoile , qui l'avait
fait tomber d'un côté dans les mains
d'une intrigante , d'un autre , dans
celles d'un amant sans générosité. Ah,
monsieur ! dit Julie , en jetant ses
beaux yeux sur l'avocat, j'en appelle
à votre profession même , j'irai ici jusqu'à invoquer la sainteté de votre mi-
nistère , et s'il peut vous rester quelque
doute sur ma probité , recevez , avec
toute la dignité de votre caractère , le
redoutable serment que je fais devant
vous, qu'on me calomnie, parce que
j'ai constamment préféré mon hon-

neur aux succès éphémères d'une femme entretenue.

En prononçant cet exécrable et faux serment, au milieu duquel Julie, sacrilége, ne craignit pas que la foudre l'abîmàt, elle se mit à ouvrir avec vivacité ses malles, et invita l'homme de loi à faire les visites les plus scrupuleuses. Julie, en effet, n'avait rien à craindre, tout avait été vendu à une receleuse de Paris, et notre friponne, bravant ici les clameurs de sa conscience, ne se trouvait forte que des soins de sa prudence criminelle.

La Saint-Apolin n'était pas de ces femmes qui font impunément l'essai de tous leurs moyens de séduction; serpent dangereux, il était difficile de rester insensible à ses attraits. Saint-Mélian était jeune, fortement constitué, d'une complexion ardente, et connu au palais par les élans d'une faconde pleine de feu : ce genre d'esprit résiste difficilement aux charmes d'une jolie femme, et plus le cerveau est enclin à se volcaniser, plus le cœur se laisse facilement prendre aux piéges d'une Circé. Ce fut le sort de notre avocat imprudent ; d'accusateur qu'il était, il devint amant passionné ; et soit intérêt de son nouvel amour, soit effet réel des talismans de Julie, il finit par demander pardon de ses injustes soupçons, traita à son tour son ami de cruel imposteur, et, afin d'éviter ses poursuites jalouses, il engagea Julie à venir se cacher pendant quelque temps dans une petite propriété qu'il avait près de Rambouillet, au milieu d'une vaste forêt, où son honneur et sa liberté n'auraient lieu de craindre aucune agression. Julie, on se l'imagine bien, singea l'embarras, et toutes les minauderies d'une résistance motivée sur les bienséances : Mais, dit-elle enfin à Saint-Mélian d'un œil humide, votre air noble annonce une si belle franchise, vous me paraissez en *tout* si supérieur à Francarville, que j'aime à vous confier mon sort comme *à un frère* toujours curieux de la réputation de sa sœur. Saint-Mélian lui baisa la main, s'enhardit même à la serrer dans la sienne, et n'éprouvant aucun obstacle dans ces premières faveurs, qui lui annonçaient la préférence qu'on lui donnait sur un amant désormais odieux par ses procédés cruels, il s'enivra de plus en plus de l'espoir prochain d'être complètement favorisé. Julie était dans une position trop périlleuse pour filer longuement sa résistance. Arrivée depuis quelques jours dans la maison de campagne de Saint-Mélian (habitation solitaire très-favorable aux amans), elle implora d'abord la générosité de celui qu'elle nommait son aimable ravisseur, puisque le sort la livrait désarmée entre ses mains; et malgré toutes les précautions qu'elle prit en barricadant sa porte, malgré la surveillance de Fifine qu'elle plaça en sentinelle, Saint-Mélian ayant des doubles clefs, et surtout celle du cœur, vit son amour couronné dans la troisième nuit.

Quelle volupté, si l'on considère l'amour-propre excessif de l'homme qui le porte toujours à se croire au-dessus des autres!... Il est peu de probité en liaisons galantes, et si vous voulez conserver le cœur d'un ami, gardez-vous de lui confier celui d'une maîtresse. Ainsi les jours s'écoulaient rapidement dans le sein des plaisirs pour l'heureux Saint-Mélian. Le piquant de l'histoire, c'est que la riche montre à répétition du chevalier de Francarville, fixée à une agraffe au fond de l'alcove de Julie, marquait souvent *l'heure du berger*; et, par une bizarrerie comique, cet amant respectueux qui, par excès d'amour platonique, s'était interdit les plus légères faveurs, prêtait ici sa montre, pour que sa maîtresse sût à point nommé l'heure à laquelle le jeu des amours commençait pour elle; ainsi que celle de la diligente aurore qui souvent la surprenait encore bien éveillée dans les bras de son nouvel amant. Nous nous garderons bien d'apprendre cette cruelle circonstance au chevalier, car il serait capable de s'en pendre de rage, de honte et de dépit.

Un seul jardinier soignait cette petite maison de campagne; dévoué à son maître, il était incapable d'aucune indiscrétion vis-à-vis de madame de Saint-Mélian; cependant il ne fallait pas, comme l'imprudent Annibal, s'en-

dormir ici dans les délices de Capoue ;
une trop longue absence donnerait des
soupçons à Francarville ; il fut donc
arrêté que la Saint-Apolin se cache-
rait quelque temps à Limeuil, petit
village près Saint-Cloud, dans la maison d'une des tantes de l'avocat, chez
laquelle il l'installerait, et que lui,
de son côté, retournerait à Paris, afin
d'étouffer l'affaire dans sa naissance.
Admise chez cette tante, après avoir
soutiré une cinquantaine de louis à sa
nouvelle dupe, elle chargea Fifine de
se rendre à Paris, et d'y prendre sous
son nom un passe-port pour Londres,
passant par Calais. Mon dessein étant
de rentrer dans la capitale, dit-elle à
sa confidente, de m'y donner un autre
nom, je veux du moins être en état
de pouvoir *filer* à tout événement à
l'étranger. La Saint-Apolin quittant
donc un matin la vieille douairière

sans prendre congé d'elle, se rend à Paris, rue Lepelletier, et désormais madame JENNY-CHATEAUVIEUX, veuve d'un colonel mort à Waterloo, elle fonde le plan de se procurer des entreteneurs dans la législature. Esquissons donc ces nouvelles roueries, où le jeu d'une effrontée coquine nous paraît assez piquant.

Jenny fait d'abord construire deux épaisses cloisons qui séparent ses pièces de plain-pied et assez nombreuses; deux escaliers à droite et à gauche de son domicile favorisent ses desseins, et lui facilitent la possibilité d'avoir deux entrées où *la colonne montante et la colonne descendante* ne puissent jamais se rencontrer. La portière, personnage toujours facile à corrompre avec de l'argent, est payée pour se taire, et a des instructions exactes, afin de ne pas commettre de bévues dans la triple dénomination que Jenny a prise; car elle est à la fois madame de Château-vieux dans un domicile ; dans l'autre, mademoiselle Clarisse Deffroy, actrice en congé; et *Prudence de Sang-Froid* dans le troisième.

Victorine et Jenny sont ses sou-brettes, bien sifflées dans leur rôle , et devant toujours être aux aguets sur l'escalier.

Madame de Châteauvieux ne porte dans ses parures que des emblêmes féo-daux, n'offre dans ses meubles, dans ses tableaux, ses gravures, que des goûts et des souvenirs visigoths et gothiques.

Clarisse Deffroy a des principes dif-férens. Vrai caméléon, elle parcourt les extrêmes, et vante le présent aux dépens du passé.

Prudence affiche une simplicité, une réserve dignes du nom qu'elle a pris.

Le triple manége de notre héroïne avait tellement été heureux, qu'en peu de temps elle se vit à la tête de trois amans : cette passe était riante, et Julie n'épargna rien pour relever ses attraits naturels de tous les secours de l'art ; elle eût donné des leçons de toilette aux plus grandes coquettes d'Athènes. Malheureusement la police, infatigable dans ses fonctions, avait épié la conduite de notre intrigante ; Julie n'eut pas le temps de se servir du précieux passe-port anglais ; il lui fallut obéir à la loi, subir une sentence infamante comme convaincue d'escroquerie, et souffrir à Saint-Lazare une captivité de deux ans. C'est là que Julie, nouvelle Madeleine, déplorait le douloureux résultat de ses erreurs, en cousant des guêtres et des chemises de soldats.

On est sans doute curieux de con-

naître dans cette circonstance la
conduite ultérieure du chevalier de
Francarville, que nous avons laissé
dans l'attente des nouvelles que Saint-
Mélian devait lui apporter de Versailles.
Après avoir attendu en vain le retour
de son ami, il se décida à partir pour
cette ville, afin de découvrir les motifs
de sa longue absence; mais M. Raimbault, le restaurateur chez lequel
était descendue la Saint-Apolin, ne
put lui donner aucun indice du chemin qu'elle avait pu prendre. Francarville parcourt avec émotion la chambre que sa perfide maîtresse avait occupée; son cœur bat lorsqu'il jette les
yeux sur le lit qui a reçu ses attraits,
mais rien n'est resté dans l'appartement, pas le plus petit chiffon. Le
chevalier, triste et confus, allait se retirer, quand il aperçut près du pied
du sécretaire une lettre cachetée à

l'adresse de *madame Danzevilliers,
rue de Bondi,* n.º 19; il la cache
dans son gilet à l'insçu du restaurateur, et la lit quelques minutes après
avec le plus vif empressement; elle
était ainsi conçue :

» Ma chère amie,

» J'ai été horriblement trahie par
un jeune homme à qui j'accordai im-
prudemment mon cœur et ma confiance ; d'innocens présens d'amour
que j'avais cru pouvoir accepter, sont
devenus dans ses mains des armes
perfides dont il me compose en ce
moment-ci une accusation criminelle.
Il ne me restait donc qu'à fuir ; c'est
le parti que j'ai pris, et je me dirige
sur Lyon : c'est là, ma précieuse amie,
qu'il faudra m'adresser vos lettres sous
le nouveau nom de *mademoiselle
Laurence Tainfar,* poste restante.

» *P.-S.* Heureusement que, dans mon malheur, le ciel m'a envoyé un homme charmant, plein de délicatesse, et qui m'accompagnera jusqu'à Lyon; il accourait pour me poursuivre, et j'en ai fait aussitôt mon amant, en le donnant pour rival à mon persécuteur. Auriez-vous fait mieux, vous qui excellez en intrigues? excusez le désordre de ma plume; une chaise de poste m'attend. »

Versailles, le 15 avril 18..

J. St. A.

On peut juger de la fureur du chevalier à cette lecture; la jalousie égare son jugement; sa passion, plus vive que jamais par l'idée cruelle qu'un autre a triomphé en un instant d'une femme que six mois de tendres soins de sa part n'avaient pu vaincre, cette idée l'agite, fascine sa raison et l'empêche de voir que cette lettre n'est qu'une missive forgée, envoyée à une fausse adresse pour rompre les poursuites de la police, ou peut-être les siennes, et enfin laissée exprès à l'endroit où le chevalier l'a trouvée. Cependant il faut convenir qu'il est permis à un amant joué de perdre l'esprit. Voilà donc Francarville courant à franc-étrier comme un écervelé sur la route de Lyon, sans approfondir davantage le piége qui lui est tendu, résolu de demander raison, l'épée à la main, de son offense, à son ami.

Arrivé en cette ville, haletant et blessé, mutilé, par la rapidité de sa course, il prend toutes les informations imaginables, mais point de Julie ni de Saint-Mélian. C'est alors que réfléchissant avec plus de calme au contenu de la lettre, et analysant tous les détails de la disparition de son infidèle sous un nouveau jour, il pénétra enfin qu'on lui a fait prendre le change, et que Saint-Mélian, heureux dans les bras de Julie, est sans doute alors dans les environs de Paris à se moquer de sa sotte crédulité. Cette dernière pensée enflamme encore plus sa bile : il retourne donc de suite à Paris, et, après avoir envoyé chez l'avocat, il apprend qu'il n'est pas de retour chez lui; que son épouse est dans une vive inquiétude; il se détermine à faire à la préfecture une déposition historique, qu'il signe, de toutes les fourberies dont il a été victime, et n'épargne ni prières ni frais pour que Julie succombe un jour sous les poursuites de la justice. Des agens sont donc mis en campagne de Paris à Versailles, de Versailles à Chartres, de Chartres à la maison de plaisance de Saint-Mélian, de cette maison au village de Limeuil, près Saint-Cloud,

et de là chez madame *de Château-*
vieux, rue Lepelletier. Un habile furet
se composa un fil délateur qui le conduisit au gîte de notre protée femelle.
La Turpaillon, d'ailleurs, coffrée
dans le principe de l'affaire, avait
chargé sans ménagement sa complice,
et, entr'autres révélations, avait dé-
claré que le père de Julie était un pauvre charbonnier de l'île Saint-Louis, de-
meurant rue de la Mortellerie, n.º 5.
Le chevalier de Francarville, curieux
de s'assurer de la vérité de cette nouvelle assertion, s'était rendu à cette
adresse, et le charbonnier, qui était en
effet le père de Julie, lui avait répondu
qu'on ne l'avait pas trompé; que sa
fille était un mauvais sujet incorrigible, la honte de sa famille; qu'elle lui
avait déjà coûté beaucoup d'argent, eu
égard à sa petite fortune; qu'elle avait
fait mourir de chagrin par sa fuite

sa pauvre mère *Marie-Jeanne*, une des doyennes des poissardes de la halle; il ajouta que son plus grand bonheur serait d'apprendre qu'elle était enfin sous les verroux.

Saint-Mélian étant revenu, Francarville lui demanda raison de sa conduite et de sa trahison. Ce premier était trop violent pour s'abaisser à des justifications qui lui eussent été faciles; ils se battirent, et le pauvre chevalier eut encore le bras percé d'un coup d'épée, qui le retint un mois dans sa chambre. Il faut convenir que c'était jouer de malheur.

En récapitulation *générale de toutes les roueries galantes de Julie*, le chevalier dépouillé par une femme entretenue qui, sous le voile de la passion la plus vertueuse, ne lui laissa pas une pièce d'or dans sa poche, ni un mouchoir dans son appartement.

Ci, à-peu-près, en valeurs fr.
d'effets. 6,000

Ensuite, cette *sentimentale Corinne*, voulant savoir précisément l'heure à laquelle elle verrait dans un rendez-vous son cher Alphonse, lui emprunte, (*à ne jamais rendre*) une montre à répétition de mille écus, ci 3,000

Cette même amante, toujours soigneuse du bien du chevalier, crée une tire-lire économique au moyen de laquelle elle lui escamote cinq cents louis, ci 12,000

Ajoutons la valeur de toutes ces galanteries, tels que cadeaux, bals, spectacles, repas recherchés, voitures, portraits,

———————

21,000

Report. 21,000

faux-frais, etc., nous irons bien
encore jusqu'à un millier d'é-
cus, ci. 3,000

Puis les frais de voyages et
de procédure. 1,000

C'est donc vingt-cinq mille

francs, ci. 25,000

qu'auront coûté à notre héros malencontreux les petites *farces anodines* de
la Saint-Apolin; voilà certainement
de l'argent bien employé! N'oublions
pas ici le grain de sel le plus piquant
de l'aventure; c'est qu'après tant de
dépenses, notre pauvre Francarville
ne l'a pas eue; que lui-même il la
jette, pour ainsi dire, dans les bras
de son ami; qu'il court ensuite comme
un don Quichotte, sur les traces de
son infidèle dulcinée, et qu'enfin il
revient tout poudreux dans la capi-

tale, et court au-devant d'un coup
d'épée qu'une étoile maligne lui réser-
vait pour dernier prix de ses grands
sentimens!....

Après cela, messieurs, prenez des
almanachs de nos femmes entretenues
de Paris; croyez à leur tendresse, et
surtout à leur pudeur ombrageuse, si
vous voulez, ainsi que le héros *battu*,
volé, *cocu* et *vierge*, de ces pasqui-
nades, être montré au doigt comme LE
CHEVALIER DE LA TRISTE FIGURE.

CONCLUSION.

« Eh bien, auteur indiscret, vous
êtes-vous suffisamment repu de satire,
en nous chamarrant de ridicules couleurs, me diront quelques femmes entretenues, dépitées de la vérité de mes
tableaux?...Pensez-vous, moraliste sans
mission, que nous allons trembler désormais, parce que la plume d'un ro-
mancier nous aura signalées à nos entreteneurs?... Coups d'épée dans l'eau
que tout cela, mon petit ami ; depuis
long-temps des poëtes fameux s'étaient
occupés de nous en beaux vers ; et,
malgré vos portraits ironiques, vos délations, vos scènes galantes, et tous les
masques arrachés à notre caste, nous

n'en mettrons pas moins à contribution
le vieillard crédule, l'époux inconstant
et le fat inexpérimenté. Le premier, se
rattachant aux roseaux de sa débile
volupté, continuera toujours de nous
acheter, au poids de l'or, quelques
velléités, pâles étincelles de son moribond délire : de temps immémorial,
c'est la marche du cœur humain ; il
est si doux de penser qu'on plaît encore,
même sous la neige des ans !... Quant
au mari, las de son ennuyeuse moitié,
de la femme de tous les jours, il a trop
d'orgueil pour s'attribuer la piqûre de
vos allusions; loin de se reconnaître
dans vos esquisses, il y verra pour son
voisin seul la justesse de vos applications:
semblable aux très-heureux époux,
qui tous s'imaginent conserver un
front pur, il ne cessera jamais de croire
à nos sermens, à nos grimaces, à nos
bonnes roueries ; et, comparant les fre-

daines, les fourberies des actrices que vous mettez en scène dans votre diatribe, il se dira avec un plaisir orgueilleux : Certes, ce n'est pas ainsi que se conduit ma petite Palmire ; elle n'a rien de commun avec ces monstres dépravés ; ses sentimens sont sincères, ainsi que ses larmes, quand je la quitte ; et je suis le plus fortuné des entreteneurs.

» Pour le fat, ainsi que le grand seigneur ou le banquier millionnaire, leur vanité épaisse nous sert de puissant bouclier contre vos bilieuses déclamations. Le premier a trop bonne opinion de sa petite personne, pour renoncer à l'idée, comique il est vrai, que nous sommes au comble du bonheur dans ses bras ; et le duc ou le millionnaire ne subtilise pas assez sur les causes et les effets, pour rien changer à ses habitudes de pur ton ; ainsi, l'un et l'autre se diront : Oui, il est possible qu'on nous trompe, qu'on nous joue ; mais comme nous ne cherchons nullement les plaisirs platoniques de l'âme, et qu'en fait de volupté, nous nous bornons généralement à la partie matérielle, que nous importe l'imposture de nos maîtresses ? nous les gageons, elles se vendent ; nos sens sont satisfaits, que nous faut-il de plus ?... Au contraire, une passion sincère de leur part ressemblerait trop au joug de l'hymen, dont nous fuyons les pavots dans leurs bras : nous voulons bien les fleurs du plaisir, mais jamais que ces fleurs forment des chaînes.

» Ainsi, prophète malencontreux, qui vous êtes peut-être imaginé que votre œuvre superbe allait faire rompre cent marchés galans, cessez de vous réjouir ; on ne vous achetera que comme une frivolité ; et c'est

tout au plus si vous aurez l'honneur
de traîner sur le somno de quelque
Laïs à la mode. En vain vous semez le
sarcasme à pleines mains dans des
peintures triviales ; inutilement vous
pénétrez d'un œil malin dans le secret
de nos alcoves et de nos boudoirs, et
démasquez d'une plume caustique
tous les mystères de nos favorables
cosmétiques...; temps perdu que tout
cela ; nous n'en triompherons pas moins
de mille dupes, à commencer par vous.
Sachez donc, pauvre auteur, que nous
explorons le champ de l'amour-propre,
et qu'il y aura de tout temps de fé-
condes moissons à recueillir sur ce terrain. Moi, Eulalie Dupernon, qui vous
parle, je suis, dans ce moment, richement entretenue par un PITUITEUX, suivant votre expression moqueuse ; son
asthme officieux m'avertit, au bas de
l'escalier, de sa venue; j'ai donc bien le

temps de faire fuir tout à mon aise *l'ami du cœur*. D'ailleurs, le bonhomme a la vue si basse, si affaiblie, qu'il le prend quelquefois pour un meuble. Oh ! soyez tranquille, je ne manquerai pas de lui lire vos deux volumes, et à l'article *pituiteux*, je parierais qu'au milieu d'une quinte pulmonaire il va rire comme un fou de la gaîté de vos portraits; mais il ne se les appliquera pas, j'en suis certaine ; et moi-même je lui dirai alors, en l'embrassant : Est-il possible qu'il existe des femmes aussi fausses !... Ici il se félicitera, à son tour, d'avoir fait un si bon choix ; et, dans la même séance, je lui soutirerai cinquante louis de plus, pour faire ressortir davantage l'inutilité de vos impertinentes allégories. — Vraiment, vous connaissez bien peu les ridicules de votre sexe, tout en annonçant quelque étude du nôtre !...

Quant à mes bonnes amies, toutes honnêtes coquines entretenues par des
sots, depuis le petit bourgeois jusqu'au noble à armoiries, elles se gar-
deraient bien de ne pas vous feuilleter,
mais ce sera dans l'unique intention
d'exécuter les tours assez drôles que
jouent vos marionnettes. L'une, et
c'est Aglaure, a aussi *son petit monstre*, charmant bossu, qui se croit
un Apollon : l'autre, et c'est Arthé-
mise, mère de deux beaux enfans,
fruits du cabotinage, les maintient,
les élève aux dépens de sa BOULE
DE NEIGE, vieille *croûte* au chef va-
cillant et *gris-pommelé*, qui ne céde-
rait pas les honneurs de la prétendue
paternité pour une couronne. Je connais encore une piquante soubrette
pour qui son entreteneur est une véritable DINDE AUX OEUFS D'OR. Pas
une de nous ne se refuse, le matin

et le soir, *la fine bavaroise au lait* dans des bras dignes de nous recevoir. Vous l'avez dit, nous sommes de véritables protées, qui, la plupart du temps, tombons d'un hôtel magnifique dans un lit numéroté d'hôpital : oh ! il faut vous rendre justice, vous avez assez bien entendu la scène de notre théâtre ; mais vos conseils sermoneurs, vos signalemens, et l'espèce de police que vous exercez dans vos affiches, ne changeront rien à nos bonnes ou mauvaises fortunes ; et jouir, piller, gaspiller, sans mœurs, vieillir sans avenir, sans prévoyance, telle sera toujours notre allure philosophique. »

C'est ainsi que la plupart DES FEMMES ENTRETENUES confessent leurs criminelles erreurs, et semblent s'en glorifier !... Race incorrigible, les leçons, les apostrophes les plus sanglantes leur seraient inutilement adressées ;

elles n'ouvrent les yeux que sous le scalpel des chirurgiens ; encore on les voit souvent, après les plus honteuses cicatrices, se lancer de nouveau sur les écueils de la galanterie ; et, nouveaux corsaires sur les domaines de l'Hyménée, dérober à ce dieu ses plus riches pavillons, exercer un monopole affreux sur le lien sacré des époux !... Affreuse corruption, spéculations infernales, quand cesserez-vous de corrompre les ménages!... Mais à quoi sert d'enflammer davantage sa bile sur ces cancers incurables de la société ?... N'avons-nous pas assez indiqué le danger, le mal et le remède ?... Les maris, les richards, les jeunes gens, les vieillards, ne sont-ils pas avertis !...... Bornons-nous donc ici dans nos conseils, et accueillons l'espoir flatteur, quoi qu'en dise Eulalie Dupernon, que quelques *pituiteux* , quelques *boules de neige* devenus plus sages à notre voix tutélaire, se diront tout bas, en balançant la tête, et en se regardant dans la glace : « Cet auteur a raison : rendons-nous donc justice ; nous n'avons plus la tournure d'un petit séducteur, et cessons de frustrer des neveux, une épouse légitime de nos affections et de nos biens. »

Heureux le sexagénaire, le sot financier ou le mari simplement égaré, qui tiendra ce sage langage ! mais nous le craignons, aucun ne voudra se reconnaître dans le miroir qui vient de lui être présenté pour son propre avantage ; et, malgré nos avis, ces sangsues dorées ne laisseront pas d'être encore, pendant bien des années, LE CRUEL FLÉAU DES FAMILLES ET DES FORTUNES....

FIN.